机械行业职业教育高职高专优质系列教材

创新创业基础

主　编：周欢伟　段丽华
副主编：魏　东　张优勤　周世平　李海兵　伍帅英
参　编：许　超　张晓东　刘让雄　刘雨涛
　　　　周爱农　管春玲
主　审：马仁听　刘　艺

机械工业出版社

《创新创业基础》一书力图帮助学生站在历史的新方位上去认识创新创业,将创新创业内容与社会主义核心价值观、中华优秀传统文化有机融合,并在中国制造2025和工业互联网的背景下去构思全书内容。

本书重点介绍了创新创业的基础知识,包括创新思维与创新技法;产品创新、转化与保护;创业领袖与创业团队;创业机会与创业风险;创业商业模式;创业融资;创业计划书的编写;新企业的成立、管理和注销;跨境电商和创新创业。由于跨境电商正在成为大学生创新创业的新高地,本书特增加了这部分内容。附录详细介绍了各类竞赛指南、创新创业支持政策、主要法律、大赛案例等内容。

本书对学生的学科背景和基础知识没有任何要求,既可以作为全校创新创业基础课程的教材,也可以作为创新创业精英班或者创业实践班学生的入门级教材。

为方便教学,本书每章都配备了课程视频,读者只需用手机扫一扫书中二维码,就可直接观看这些视频。

本书配有电子课件,可登录机械工业出版社教育服务网 www.cmpedu.com 下载,咨询电话:010-88379375。

图书在版编目(CIP)数据

创新创业基础/周欢伟,段丽华主编. —北京:机械工业出版社,2018.7(2021.8 重印)
机械行业职业教育高职高专优质系列教材
ISBN 978-7-111-60131-9

Ⅰ.①创… Ⅱ.①周… ②段… Ⅲ.①大学生-创业-高等职业教育-教材 Ⅳ.①G647.38

中国版本图书馆 CIP 数据核字(2018)第 128289 号

机械工业出版社(北京市百万庄大街22号 邮政编码100037)
策划编辑:杨晓昱　　　　　责任编辑:杨晓昱　徐梦然
责任校对:朱炳妍　　　　　版式设计:张文贵
责任印制:邓　敏

河北鑫兆源印刷有限公司印刷

2021 年 8 月第 1 版第 8 次印刷
184mm×260mm·14.25 印张·270 千字
标准书号:ISBN 978-7-111-60131-9
定价:46.00 元

电话服务　　　　　　　　　网络服务
客服电话:010-88361066　　机 工 官 网:www.cmpbook.com
　　　　　010-88379833　　机 工 官 博:weibo.com/cmp1952
　　　　　010-68326294　　金 书 网:www.golden-book.com
封底无防伪标均为盗版　　　机工教育服务网:www.cmpedu.com

机械行业创新创业教育系列教材编写委员会

主任委员： 陈晓明

（以姓氏笔划为序）

副主任委员： 成立平　朱爱胜　刘建湘　安　军　李宗义
　　　　　　张主社　张光胜　郑丽梅　徐永杰　黄道平
　　　　　　赖晓晔

委员： 马仁听　王国忠　王　泰　方小斌　毕明明
　　　朱　平　刘　艺　刘永亮　李玉民　李　虹
　　　杨建伟　杨　毅　吴　群　张群生　陈今来
　　　岳凤歧　郑辅春　唐　瑛　黄冬福　廖腾琼
　　　阚洒庆

为贯彻落实党的十九大精神,进一步响应国家"大众创业、万众创新"的号召,提高人才培养质量、促进大学生全面发展,满足创新创业通识教育的新需求,我们围绕教育部"创业基础"教学大纲的教学目标,并参考了大量的创新创业类教材和研究著作,编写了本书。

本书特色

本书在编写时力图突出两大特色。

1. 本书按照育人要求,深度挖掘创新创业教育中的德育因素,将创新创业内容与社会主义核心价值观、中华优秀传统文化有机融合。

2. 工业互联网的发展将使创新创业产生新的内容、新的路径、新的功能,将对学生未来的就业创业产生重大影响。本书按照《深化"互联网+先进制造业"发展工业互联网的指导意见》和《中国制造2025》的文件精神,优化了编写内容。

主要内容

本书对学生的学科背景和基础知识没有任何要求,既可以作为全校创新创业基础课程的教材,也可以作为创新创业精英班或者创业实践班学生的入门级教材。下面对本书内容做一个简单介绍。

1. 本书开篇阐述了"迎接创新创业的伟大时代",帮助学生站在历史的新方位上去认识,创新创业。

2. 本书重点介绍了创新创业的基础知识,包括创新思维与创新技法;产品创新、转化与保护;创业领袖与创业团队;创业机会与创业风险;创业商业模式;创业融资;创业计划书的编写;新企业的成立、管理和注销。

3. 由于跨境电商正在成为大学生创新创业的新高地,本书特增加了跨境电商和创新创业的内容。

4. 本书在附录中介绍了各类竞赛指南、创新创业支持政策、主要法律、大赛案例,以及大学生创新创业问答。

编写分工

本书由广州铁路职业技术学院周欢伟、张优勤、周世平、李海兵、伍帅英、张晓东、刘让雄、刘雨涛、周爱农、管春玲,以及安徽机电职业技术学院段丽华、魏东、许超共同编写。全书由周欢伟、段丽华统稿,并担任主编,由广州铁路职业技术学院马仁听、安徽机电职业技术学院刘艺担任主审。

具体章节编写分工如下:绪论由魏东、段丽华、许超编写,第一章由张晓东、周欢伟编写,第二章由李海兵、刘让雄编写,第三章和第四章由段丽华编写,第五章由周世平、管春玲编写,第六章由张优勤、周爱农编写,第七章由魏东编写,第八章由许超编写,第九章由伍帅英、周欢伟编写,附录由刘雨涛和许超编写。

本书是安徽省 2018 年高校拔尖人才培育资助项目(编号:gxyqZD2018136)和 2017 年广州市高校创新创业教育平台项目:面向轨道交通产业的大学生"三创"人才孵化基地建设(编号:2017241201)的研究成果。

本书的编写得到了全国机械职业教育思想政治工作研究会领导和专家的大力支持,同时,广州玺明机械科技有限公司徐哲和广东省机械研究所阮毅都对本书编写提供了很多建议和帮助,在此一并表示感谢!由于编写时间仓促,书中难免有一些不足之处,敬请广大读者给予批评指正。

编 者

微课视频索引

序号	名称	图形	页码	序号	名称	图形	页码
1	第一章 创新与创新技法		17	6	第六章 创业融资		119
2	第二章 产品创新、转化与保护		43	7	第七章 创业计划书的编写		135
3	第三章 创业领袖与创业团队		57	8	第八章 新企业的成立、管理和注销		159
4	第四章 创业机会与创业风险		79	9	第九章 跨境电商和创新创业		179
5	第五章 创业商业模式		101				

目录 Contents

前言
微课视频索引

绪论　迎接创新创业的伟大时代
/001

  第一节　创新创业与新时代发展 /03
  第二节　用社会主义核心价值观引领创新创业 /06
  第三节　用中华优秀传统文化培养创新创业精神 /09
  第四节　创新创业对职业生涯发展的积极作用 /010
  思考与训练 /014
  参考文献 /015

第一章　创新思维与创新技法
/017

  第一节　创新思维 /020
  第二节　创新的常见技法 /029
  第三节　创新思维与技法结合的案例 /035
  思考与训练 /038
  参考文献 /041

第二章　产品创新、转化与保护
/043

  第一节　产品创新的流程 /046
  第二节　产品创新的思路与途径 /049
  第三节　产品创新成果转化 /051
  第四节　知识产权保护 /053
  思考与训练 /056
  参考文献 /056

第三章　创业领袖与创业团队
/057

第一节　创业者和创业领袖 /060
第二节　创业团队的组建及股权分配 /064
第三节　创业团队的管理技巧 /068
第四节　创业企业的社会责任 /071
思考与训练 /076
参考文献 /077

第四章　创业机会与创业风险
/079

第一节　创业机会识别与评价 /082
第二节　创业风险识别与防范 /091
思考与训练 /099
参考文献 /099

第五章　创业商业模式
/101

第一节　商业模式的定义和种类 /103
第二节　商业模式的基因组成与设计方法 /108
第三节　商业模式的价值创造 /110
第四节　商业模式的价值获取 /112
第五节　互联网环境下商业模式的特征与创新 /113
思考与训练 /116
参考文献 /117

第六章　创业融资
/119

第一节　资金需求分析 /122
第二节　创业融资策略 /124
第三节　创业融资渠道 /128
第四节　创业融资的常见问题 /131
思考与训练 /133
参考文献 /134

第七章　创业计划书的编写
/135

　　　　第一节　初识创业计划书 /137
　　　　第二节　撰写创业计划书 /142
　　　　思考与训练 /157
　　　　参考文献 /157

第八章　新企业的成立、管理和注销
/159

　　　　第一节　新企业的成立 /161
　　　　第二节　新企业的财务管理 /167
　　　　第三节　新企业的营销管理 /172
　　　　第四节　新企业的顾客管理 /175
　　　　第五节　新企业的注销 /177
　　　　思考与训练 /178
　　　　参考文献 /178

第九章　跨境电商和创新创业
/179

　　　　第一节　国际贸易政策 /182
　　　　第二节　报关与关税 /187
　　　　第三节　主要国家的对外贸易 /194
　　　　思考与训练 /198
　　　　参考文献 /198

附录
/199

　　　　附录 A　大学生创新创业创意类竞赛指南 /200
　　　　附录 B　大学生创新创业支持政策 /205
　　　　附录 C　创新创业中的主要法律 /209
　　　　附录 D　中国"互联网+"大学生创新创业大赛案例 /213
　　　　附录 E　大学生创新创业问答 /216

绪论

迎接创新创业的伟大时代

学习目标

- 了解创新创业教育的时代背景。
- 掌握社会主义核心价值观引领创新创业的内容。
- 掌握中华优秀文化培养创新创业精神的方法。
- 了解创新创业教育与职业生涯规划的关系。

知识导图

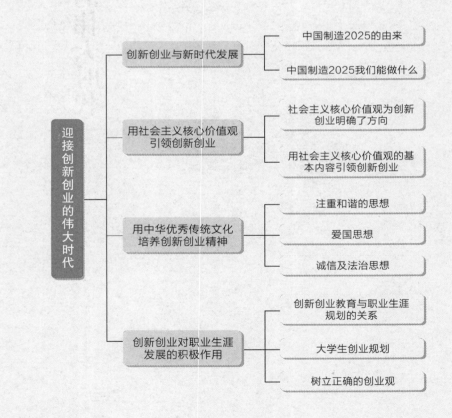

第一节　创新创业与新时代发展

一、中国制造 2025 的由来

制造业是国民经济的支柱，是立国之本、兴国之器、强国之基。那么到底"中国制造 2025"是什么呢？

首先我们来看一张成绩单：中国第五代战斗机歼-20 已正式列装部队、首艘国产航母顺利下水、国产大飞机 C919"一飞冲天"、高铁列车"复兴号"正式服役、世界最大的单口径球面射电望远镜"天眼"探空、可燃冰试采成功、世界首台光量子计算机诞生、世界首颗量子卫星"墨子号"太空传书……

上天揽月、下洋遨游，中国正书写着一个又一个传奇，取得这些成就的奥秘是什么呢？让我们从工业革命与中国制造 2025 的关系来谈起吧。

（一）工业 1.0、2.0、3.0、4.0 概念简介

工业 1.0 是机械制造时代，通过水力和蒸汽机实现工厂机械化，时间大概是 18 世纪 60 年代至 19 世纪中期。机械生产代替了手工劳动，经济社会从以农业、手工业为基础转型到以工业、机械制造带动经济发展的新模式。

工业 2.0 是电气化与自动化时代，在劳动分工基础上采用电力驱动产品的大规模生产，时间大概是 19 世纪后半期至 20 世纪初。通过零部件生产与产品装配的成功组合，开创了产品批量生产的高效新模式。

工业 3.0 是电子信息化时代，广泛应用电子与信息技术，使制造过程自动化控制程度进一步大幅度提高，从 20 世纪 70 年代开始一直延续至现在。机器能够逐步替代人类作业，不仅接管了相当比例的"体力劳动"，还接管了一些"脑力劳动"。

工业 4.0 是德国政府《高技术战略 2020》中提出的十大未来项目之一，并上升为德国的国家战略，是实体物理世界与虚拟网络世界融合的时代，产品全生命周期、全制造流程数字化以及基于信息通信技术的模块集成，将形成一种高度灵活、个性化、数字化的产品与服务新生产模式。美国没有 4.0 之说，他们比较认同的词叫作"工业互联网"。

中国作为制造业第一大国、互联网第二强国，李克强总理在会见 2016 夏季达沃斯论坛的部分企业家时再次提及了"中国制造 2025"。总理给了我们这样的答案："'中

国制造 2025'和'互联网+'是不可分割的,要使中国制造向数字化、智能化的方向发展,必须依靠互联网,依靠云计算,依靠大数据,这样才能使中国 200 多项产量占世界第一的工业产品能够跃上新的水平。"

(二)逐步实现"中国制造 2025"蓝图

为推动中国制造由大变强,2015 年 5 月,党中央、国务院着眼全球视野和战略布局,立足我国国情和发展阶段,做出了实施《中国制造 2025》的战略决策。这是未来 10 年引领制造强国建设的行动指南,也是未来 30 年实现制造强国梦想的纲领性文件,更是我国迈向制造强国的宣言书。

也正是在这一年,由教育部与有关部委联合举办的中国"互联网+"大学生创新创业大赛拉开了序幕,以"'互联网+'成就梦想,创新创业开辟未来"为主题的首届大赛,共有 1800 余所高校、57000 多支团队、20 万名大学生参赛,并带动百万学生参与。目前这项赛事每年举办一次,是教育部主抓的全国性重要赛事之一,大赛紧贴《中国制造 2025》的导向,吸引众多学生参与到双创大潮中来。

2016 年 5 月国务院印发《关于深化制造业与互联网融合发展的指导意见》,到 2025 年,力争实现制造业与互联网融合"双创"体系基本完备,融合发展新模式广泛普及,新型制造体系基本形成,制造业综合竞争实力大幅提升的目标。

2016 年 7 月 28 日国务院印发《"十三五"国家科技创新规划》,描绘未来五年科技创新发展的蓝图,有力支撑"中国制造 2025"的实施;工业和信息化部印发《关于完善制造业创新体系,推进制造业创新中心建设的指导意见》,要求按照《中国制造 2025》战略部署,以"一案一例一策"方式,统筹推进国家制造业创新中心和省级制造业创新中心建设。

(三)第四次工业革命畅想

如果同学们对中国制造 2025、工业 4.0、工业互联网这些名词觉得还不好理解的话,我们可以举个小例子,老罗的锤子手机之所以难产,就是因为在设计的时候,信息不对称,实际生产时发现原本的完美的设计会导致良品率很低,只能退回去重新设计。仅仅晚上线了几个月,就从一款万众期待的爆款,成了过时货,产品的生命周期大大缩短了。一个工业品从设计到上线批量生产,往往要用一两年的时间,但是伴随着全球性的产能过剩,再加上互联网的普及,企业的竞争越来越激烈,如果不快跑,就会随时掉队。

互联网撼动了过去工业时代的基础——信息不对称。过去,因为生产厂家无法用低成本去了解每一个客户的需求,所以往往采用一刀切的方法,就是把需求做多的性能组合到一起，成为一款产品。比如你想买一件适合你的衬衫，服装厂是无法知道你的体型的，所以只能测量很多人之后，根据袖长、衣长等把较集中的尺码分成39码、40码、41码、42码等。但互联网改变了这个局面，人与人、人与厂商，可以低成本地实现连接，从而让每个人的个性需求被放大，人们越来越喜欢个性化的东西。但是个性化的东西需求量没有那么大，这就需要工业企业能够实现小批量的快速生产。未来的鞋子、衣服，我们的衣食住行都可能会被"私人订制"，智能生产。

而这才是开始，智能手环、智能自行车、智能跑鞋、智能家居已经融入我们的生活了，未来的工业产品会越来越智能化；智能产品还会不断地采集用户的数据和状态，除了用户自己使用外，也会上传给厂商。于是向服务收费就成为可能，流量将成为厂商争夺的一个核心指标。

再往后就是对传统行业的"降维打击"，马云曾说"银行不改变，我们就改变银行"，支付宝已经成为当下年轻人支付的标配，我们甚至可以大胆假想，手机起家的小米，凭借着"手环"的巨大数据资源杀入保险行业也未必不可能。

二、中国制造 2025 我们能做什么

在党的十九大报告中，"创新"是一个重要关键词。创新是引领发展的第一动力，是建设现代化经济体系的战略支撑。以习近平同志为核心的党中央提出的创新发展理念，是一种具有全面性、系统性的创新发展观。"十三五"规划纲要提出实施创新驱动发展战略，把发展基点放在创新上，以科技创新为核心，以人才发展为支撑，推动科技创新与大众创业、万众创新有机结合，塑造更多依靠创新驱动、先发优势的引领型发展。

（一）在专业学习中投身创新创业浪潮

习近平总书记在 2016 年同知识分子、劳动模范、青年代表座谈时寄语广大青年："让创新成为青春远航的动力，让创业成为青春搏击的能量，让青春年华在为国家、为人民的奉献中焕发出绚丽光彩"。当前，互联网创新发展与新工业革命正处于历史交汇期，大学生创新思维最活跃、创业动力最强烈，而国家和社会又提供了创新创业的丰厚土壤，大学生们正赶上实现创新创业的好时代。

大赛练本领，大学生除了结合专业课程学好创新创业课程外，还应当积极关注、参与各类创新创业赛事。由教育部、中央网信办、国家发改委、工信部、人社部、国家知识产权局、中国科学院、中国工程院、共青团中央等共同举办的中国"互联网＋"大学生创新创业大赛是目前国内最高级别的双创赛事；由共青团中央、教育部、人力

资源和社会保障部、中国科协、全国学联共同举办的"创青春"全国大学生创业大赛至 2018 年已经举办了三届；由中国宋庆龄基金会、人力资源和社会保障部联合主办的"中国创翼"青年创业创新大赛也是广大青年大学生施展才华的有利平台……这些大赛为诸多大学生优秀创新创业项目提供了资金、政策、融资、众筹、商业合作以及宣传推广等支持，孕育出了一大批年轻创业者。

实践长才干，大学生也应当积极参与创新创业学习和训练。如国家级大学生创新创业训练计划，由中央财政、地方财政共同支持，是提升大学生创新能力及创新基础之上的创业能力的重要举措；财政部门和各地市对大学生创新创业提供了优厚的创业政策和资金支持，大学生可以在高校创业部门的协调下，将自己的金点子落地落实。

（二）在职业学习中传承工匠精神

工匠精神，不仅仅是指工匠对自己的产品精雕细琢、精益求精的精神理念，更是对自我价值的不断追求，是给产品、给企业带来灵魂的关键。制造业越发达，工匠精神就显得越发重要，工匠精神让制造纵向发展，创新创业与制造业结合升级。只有一批又一批的"双创"企业的匠心独运，才有中国智造在国际市场上被逐步认可的成功。工匠精神是企业持续发展的软实力，是让中国从制造走向"智造"的桥梁，更是中国"智造"的"品牌形象"。

中国现在可以自豪地列入世界知名企业的不仅有过去的央企，还有华为、阿里巴巴等诸多民企，而成功的背后也不仅仅是任正非、马云等的一己之力，在华为还有 17 万、在阿里还有 7 万不为我们熟知的员工，大量的基础劳动从来都是隐藏在后台的，是非常枯燥辛苦的。不论是搞软件编译，或是网络设计，或是财务核算，或是其他，都需要人一步一步专注地去做。

第二节　用社会主义核心价值观引领创新创业

党的十八大提出："倡导富强、民主、文明、和谐，倡导自由、平等、公正、法治，倡导爱国、敬业、诚信、友善，积极培育和践行社会主义核心价值观。"在社会主义核心价值观的引领下开展创新创业教育，以培养具有爱国、敬业、诚信、友善优良品格的大学生创业者，不断增强他们的创新精神和创业能力，这正是践行社会主义核心价值观的体现。

一、社会主义核心价值观为创新创业明确了方向

当下,大学生自主创业成为了解决就业的良好途径,然而我国大学生自主创业的实际人数占大学生总数的比例不高。大学生在实际创业过程中热情高,实践少。由于缺乏经验和创新力,大学生自主创业的科技含量不高,成功率低;在实践过程中不够注重合作和协商能力,很难保持创业企业的持久性;在经营过程中"风险意识"不够,对行业、企业的发展做不到深度审视,遇到挫折容易退缩,甚至出现了违背商业信用的行为。培育和践行社会主义核心价值观为科学推进大学生创新创业指明了方向。

首先,通过社会主义核心价值观的教育,使大学生在创业过程中充分理解自由、平等、公正、法治等体现时代价值的目标和追求,自觉提高思想"免疫力",始终不渝地坚持和弘扬这些价值追求,"咬定青山不放松"地奋斗。

其次,通过社会主义核心价值观的教育,使大学生在创新创业实践中充分理解历史传统与时代发展的高度统一性,增强文化自信和自觉,在内核上、精髓上和本质上传承中华优秀传统文化、传承社会主义先进文化,培养良好的道德品质。

再次,通过社会主义核心价值观的教育,使大学生在创新创业实践中增强毅力,遇到挫折不气馁,努力做有社会责任感、有爱心的好青年,在不懈奋斗中实现自我。

二、用社会主义核心价值观的基本内容引领创新创业

(一)从国家的层面引领创新创业

社会主义核心价值观的第一个层面是国家的层面。"富强、民主、文明、和谐"对其他层次的价值理念具有统领作用。富强是国家繁荣昌盛、人民幸福安康的物质基础;民主是人民当家做主;文明是对面向现代化、面向世界、面向未来的民族的科学的大众的社会主义文化;和谐是社会主义现代化国家在社会建设领域的价值诉求。大学生践行社会主义核心价值观,在创新创业中不仅实现自己的个人理想,也应为国家的发展做出贡献。

我国已成为具有全球影响力的科技大国,2017 年,我国重大创新成果竞相涌现,发明专利申请量和授权量居世界第一位,国际科技论文被引量首次超越德国、英国,跃居世界第二,墨子"传信"、神舟飞天、高铁奔驰、"天眼"探空、北斗组网、超算"发威"……无数经验教训告诉我们,核心技术是买不来的。只有自力更生、自主创新,才能掌握自己的命运。建设世界科技强国,是以习近平同志为核心的党中央在新的历史起点、面向未来做出的重大战略决策,这一决策与中国梦的目标高度契合,使

科技创新与中华民族伟大复兴紧紧相连,是中华民族为之不懈奋斗的光荣与梦想,也让更多的民众参与到创新创业的过程中。

(二) 从社会的层面引领创新创业

"自由、平等、公正、法治"是从社会层面对社会主义核心价值观基本理念的凝练。自由是马克思主义追求的社会价值目标;平等是人人依法享有平等参与、平等发展的权利;公正即社会公平和正义;法治是实现自由平等、公平正义的制度保证。

大学生在创新创业实践中接触较多的是社会层面,在社会这个大平台中获得了创新创业的机会,因此,大学生践行社会主义核心价值观,在创新创业中要自觉用法律法规约束自己,公平参与市场竞争,遇到问题时用法律武器维护自己的合法权益。

(三) 从个人行为的层面引领创新创业

"爱国、敬业、诚信、友善"是公民基本道德规范,覆盖社会道德生活的各个领域。爱国是调节个人与祖国关系的行为准则;敬业体现了社会主义职业精神;诚信即诚实守信;友善强调公民之间应互相尊重、互相关心、互相帮助,和睦友好,努力形成社会主义的新型人际关系。

大学生践行社会主义核心价值观,在创新创业中应切实维护国家的利益,把个人奋斗融入实现中国梦的进程中,诚恳待人,诚实劳动,关心他人。只有这样,创新创业之路才能走得好,走得远。

(四) 在创新创业中实现青年人的个人理想

习近平总书记曾强调"青年是国家和民族的希望,创新是社会进步的灵魂,创业是推动经济社会发展、改善民生的重要途径",并寄语广大青年要"在创新创业中展现才华、服务社会"。近年来,从国家到地方各级政府多层面地推出了各种各样的政策和措施鼓励青年人创新创业。形式多样的新型孵化器、创业空间、天使基金等如雨后春笋般涌现,为青年创业者们提供了良好的平台和创业的机遇。青年人应在各自领域开创新事业,积极创办科技型和服务型小微企业,要自觉地把人生追求汇入中华民族伟大复兴的中国梦中,在参与创新型国家建设实践的同时实现自己的个人理想。

社会主义核心价值观和创新创业教育相互联系,相互促进。只有培育和践行好社会主义价值观,才能有利于提升创新意识和创业能力。被国外青年和央视评为中国的"新四大发明"之一的共享单车正是利用"自行车出行+移动互联网技术"的创新模式减少了城市资源浪费,为城市减少拥堵,帮助城市节约更多空间,促进绿色低碳出行。

第三节　用中华优秀传统文化培养创新创业精神

中华优秀传统文化是中华民族在中国本土上创造的文化，它是中华民族在各自时代特定的地理环境、经济条件、政治结构和意识形态的作用下，世代形成、积淀，并被大多数人认同而流传下来的文化，涵盖了经济、政治、道德、艺术等多个领域。

几千年来，中华民族之所以能够薪火相传、绵延不绝，一个重要原因就是因为中华民族孕育形成了自己的独特文化。这种独特文化赋予中华民族强大的生命力，成为中华民族生生不息的根与魂。中华优秀传统文化源远流长、博大精深，具有非常丰富的内涵。比如，它以仁和孝、忠和恕、礼和义等成为君子修身养性的道德标准，造就了中华民族的精神追求，构建了中华民族的精神家园，在历史长河中起着重要作用。

党的十八大以来，以习近平同志为核心的党中央高度重视中华优秀传统文化的传承发展，在纪念孔子诞辰 2565 周年国际学术研讨会暨国际儒学联合会第五届会员大会开幕会上，习近平同志提到："不忘历史才能开辟未来，善于继承才能善于创新。优秀传统文化是一个国家、一个民族传承和发展的根本，如果丢掉了，就割断了精神命脉。我们要善于把弘扬优秀传统文化和发展现实文化有机统一起来，紧密结合起来，在继承中发展，在发展中继承。"

中华优秀传统文化中蕴含的爱国情感、人生理念、人文精神为现代市场经济道德体系建设提供了有价值的文化来源，有利于构建良好的创新创业条件和环境。

一、注重和谐的思想

中华优秀传统文化的精神是注重和谐，不仅包括人与自然的和谐、人与人之间的和谐，还包括人的内在和谐。中国传统文化中"天人之际，合而为一""海纳百川，故能成其大""地势坤，君子以厚德载物""天行健，君子以自强不息""生于忧患，而死于安乐"等都从不同层面揭示了需追求人与自然、人与人、人的内在和谐。

在当今市场经济中，要求人们在创造利益的同时，也要注意维护自然、社会及他人和谐发展。注重和谐的优秀传统文化启发当今的大学生在创新创业中要积极保护自然，注重人与人之间的和谐（团队精神），为了理想不断努力，不懈奋斗（内在方面）。

二、爱国思想

爱国主义是中华民族的光荣传统，是推动中国社会前进的巨大力量。中华优秀传统文化中"天下兴亡，匹夫有责""乐以天下、忧以天下"等表现出了护爱家国的情怀，爱国就是把个人目标同国家和民族的前途命运联系起来，将自己的理想抱负转化为具体的实践行为，追求人生真正的价值和意义。

因此，大学生在创新创业中应增强民族自尊心、自信心和自豪感，时刻牢记个人利益和国家利益、集体利益是相互联系的，要在创新创业实践中努力创造最大社会价值并积极回馈社会，要自觉遵守社会公德和职业道德，以实现国家与个人的共同发展。

三、诚信及法治思想

诚信是商人立身创业之根本，这也被古今中外的实践所证明。在"义"与"利"中，中国传统文化义利观肯定"义"的内在价值，但也没有完全否定"利"在社会生活中的意义。中国传统文化中"君子爱财，取之有道""君子喻于义，小人喻于利""富与贵，是人之所欲也；不以其道得之，不处也"等体现出要引导人们注重诚信。企业发展的最终目的是赢利，这也是创业者所追求的基本目标。然而我们也看到在市场经济条件下部分企业把谋求利益当成了经营企业唯一的目标，在违背道德准则，违法乱纪中过度追求利益，害人害己。因此，大学生在创新创业实践中除了具备相应的知识能力和心理素质外，更应该具备诚实守信、清正廉洁的优良品质。

大力弘扬中华优秀传统文化在培育当代大学生的创新创业精神中发挥着非常重要的作用，但这并不意味着中华优秀传统文化可以解决所有的问题。正如习总书记提到的："对传统文化中适合于调理社会关系和鼓励人们向上向善的内容，我们要结合时代条件加以继承和发扬，赋予其新的涵义。"

第四节　创新创业对职业生涯发展的积极作用

创新创业教育是强调全面开发人的潜能，培养学生创新性思维方式，培养学生的专业技术、社会交际和经营管理等多方面技能，通过树立正确的人生观、价值观、世界观，规划自己的职业生涯，获得人生的成功。创新创业教育始终坚持以人为本、坚持面向全体，弘扬人的主体性和自由个性，帮助学生学会处理好个人、集体、社会三者之间的关系，提供一个可以自由翱翔和设计的空间，通过完善自身的技能，不断提高自己的创造力，为未来职业工作打下良好的基础。通过努力成功创业，可以升华自己的人格，实现自己的理想，证明自己的价值。创新创业教育既能培养学生健全的人格，又能拓展学生的知识和能力，从而提高学生素质，促进学生的全面发展。

一、创新创业教育与职业生涯规划的关系

（一）职业生涯规划

职业生涯规划是一个人在对职业生涯的主客观条件进行测定、分析、总结研究的基础上，对自己的兴趣、爱好、能力、特长、经历以及不足等各方面进行综合分析与权衡，并结合时代特点，根据自己的职业倾向，确定最佳的职业奋斗目标，并为实现这一目标做出行之有效的安排。

对于大学生而言，职业选择是否适当将影响其将来事业的成败以及一生的幸福；对于社会而言，个人择业是否适当将决定社会人力供需是否平衡。如果每个人都适材适所，那么不仅每个人都有发展前途，而且社会也会欣欣向荣。

（二）创新创业能力与职业生涯发展

创新创业首先是一种精神，一种不满足于现状、敢于创新并承担风险的精神，是一种在考虑资源约束的情况下把握机会创造价值的认识。从广义的角度去看创新创业，可以理解为是一个人根据自己的性格、兴趣、专业、能力等选择适合自己的事业，利用自己的创新性思维，把握机会、创新创造、整合资源、付诸努力，最终实现自己人生目标的过程。因此，创新创业能力具有普遍性和适应性，无论你从事什么样的行业或职业，创新精神和创业能力都将在职业生涯中发挥积极作用。

近年来，随着我国大学毕业生人数增加，就业问题成为全社会关注的焦点，学生、家长、学校和社会都需要保持清醒的头脑，正确认识和处理就业问题。为了让大学生都能够顺利走上工作岗位，党和政府除了制定"创业带动就业"的方针外，还出台了一系列支持和鼓励创新创业的政策措施。创新创业教育成为缓解当前就业问题成效较明显的重要内容，越来越受到重视。在创新创业教育的指导和服务下，部分大学生将会成为自主创业者。这不仅可以解决自己的就业问题，还可以为社会其他人员提供更多的就业岗位，这对缓解我国大学生就业压力具有非常重要的现实意义。

作为一个全面发展的大学生，对创新创业的认知和践行是大学生综合素质体现的重要内容，是大学生全面发展，融入社会，正确评估自己，给自己合理定位，实现自我价值的基本要求。鼓励学生开拓创新的创业意识，使有开发潜力的学生真正走上创新创业的道路，也是他们能够很快融入社会、服务社会的前提。大学生是最具有创新创业潜力的群体，不仅是现有职位的占有者，更是未来职业的创造者。通过创新创业

教育传授，提高大学生适应社会生存、经济竞争的能力，学到自主择业、自谋职业的方法和途径，提高他们的创新精神和创业能力，使大学生成为高素质创新型人才，在现代化建设大业中施展才干，无疑是大学生实现自我价值的捷径。

二、大学生创业规划

创业已成为大学毕业生流向社会的一种全新的就业方式。对于一个立志创业的大学生来说，职业生涯规划与其创业规划在一定程度上是同一样东西。要制定一份好的创业规划，可以参考以下"四部曲"。

步骤一，了解你自己

有效的创业规划必须在充分且正确地认识自身的条件与相关环境的基础上进行。对自我及环境的了解越透彻，越能做好规划。因为创业规划的目的不只是协助创业者实现个人目标，更重要的是帮助其真正了解自己。

步骤二，明确创业目标

创业者要善于观察和发现新的商机，用创新思维来设计自己的创业思路，站在其他创业者的经验和教训之上，确立自己的目标。

高尔基说："一个人追求的目标越高，他的才能就发展得越快，对社会就越有益。"如果创业者自己都不知道要到哪儿去，那通常哪儿也去不了。但是一个人在明确自己想做什么、能做什么的同时，还应考虑社会的需求是什么这一重要因素。如果一个人所选择的创业领域既符合自己的兴趣，又与自己的能力相一致，却不符合社会的需求，那么，这种创业的前景也会变得暗淡。由于分析社会需求及其发展态势并非一件易事，因此，在选择创业目标时，应该进行多方面的探索，以求得出客观而正确的判断。

步骤三，制订行动计划

在确定了创业目标后，围绕创业目标的实现，需要制定具有针对性、明确性与可行性的行动计划，特别是要详尽制订大学期间和毕业后三到五年内的行动计划。

步骤四，开始行动

一个人的创业规划不管多么好，多么严密，只要没有行动，就依然是一张废纸。立即行动，是实现目标和梦想的唯一途径。

总之，只有将自身因素和社会条件进行最大限度的契合，才能在现实中发挥优势、避开劣势，使创业规划更具有可操作性。

三、树立正确的创业观

如何树立正确的创业观，为自己铺就一条创业的平坦道路，对准备创业的大学生来说十分重要。

（一）端正态度，正确看待创业

创业是市场经济条件下个体自我发展的需要。随着市场经济体制的逐步完善，市场观念深入人心，创业能够满足追求进取务实、协调并重的价值取向，能使学生通过自己的积极思考，确定自己的人生目标，最大限度地实现自己的人生价值，为社会做出应有的贡献。创业不排除个人利益、理想、事业三方面的追求，能够实现社会利益与个人利益兼顾。

在时代的大潮中，大学生创业的激情高涨，但是，创业更需要理智。拥有激情并不表示创业就能取得成果，创业需要回归理智，创业的激情只能作为创业初期的推动力，接下来还有一条漫长的道路，需要艰辛地付出。大学生应该理智地看到创业既有成功，也有失败，明白大学生创业的优势与劣势，学会处理创业过程中主观和现实之间的矛盾与冲突，运用辩证的方法，明辨是非曲直，纠正认识的误区，从思想上对创业有一个科学而现实的认识。

（二）明确目标，制定创业规划

创业前，要弄清楚自己为什么要创业、如何去创业；要了解自己的个性特征，明确自己的创业动机；要树立正确的、符合社会要求的、远大的创业目标，创业者要有高瞻远瞩的视角，知道自己的终极目标在哪儿，通过哪些途径可以实现，目前处于哪一个阶段，以及正在面临哪些问题，等等。

除此之外，创业者在创业前还要进行科学、合理的创业规划。创业规划应包括项目选择、商业模式、赢利模式确定等，这要以创业者对市场的充分调查为基础，体现出创业者的市场洞察力和创业的目的性。严谨的创业规划能够保证创业有一个良好的开端和正确的努力方向，有利于提高创业成功的概率。

（三）转变观念，提高创业能力

一个成功的创业者绝不能因循守旧、墨守成规，应学会观察国内外市场的变化，以善于变革的精神去迎接创业的挑战。创业的过程是一个系统工程，它要求创业者在企业定位、战略策划、生产组织、团队组建、财务管理等领域有一定的知识积累。

创业能力能否提高是创业成败的决定因素。在校学生应充分利用大学校园提供的平台积极汲取各方面的知识，通过专业课学习、各种校园活动及社会实践活动不断扩大自己的视野；积极参加一些社团活动及志愿者活动，在活动中锻炼与人沟通、协作的能力，树立团队意识；增强自己学习的能力，在学习中培养创新的思维与发展的意识，通过日常学习中的不断积累逐渐增强创业的自信心。

（四）积极实践，丰富生活经验

创业过程中不仅要学习文化知识，还要在所从事的行业中积累相关经验，提高自己对行业特点、行业发展情况的深刻了解。大学生长期身处校园环境当中，需要积累社会经验，可以积极参加学校举办的创业大赛及创业实践活动，可以进入企业参加社会实践活动，了解社会、观察社会，不断提高自身的创业实践能力。

思考与训练

思考题

1. 创新创业教育的时代背景有哪些？
2. 社会主义核心价值观如何引领创新创业？
3. 中华优秀文化如何培养创新创业精神？
4. 如果你选择创业，请制定一份创业规划。
5. 创业测试：现在你具备创业的基本素质吗？

测试题

创业充满了诱惑，但并非每个人都适合走这条路。这里有一份测试题，假如你正想着自己"单挑"，不妨做做下面的题。

以下每道题都有4个选项：A. 经常；B. 有时；C. 很少；D. 从不。

1. 在急需决策时，你是否在想"再让我考虑一下吧"？
2. 你是否为自己的优柔寡断找借口说："得慎重，怎能轻易下结论呢？"
3. 你是否为避免冒犯某个有实力的客户而有意回避一些关键性的问题，甚至有意迎合客户呢？
4. 你是否无论遇到什么紧急任务都先处理日常的琐碎事务呢？
5. 你是否非得在巨大压力下才肯承担重任？
6. 你是否无力抵御妨碍你完成重要任务的干扰和危机？

7. 你在决策重要的行动和计划时,常忽视其后果吗?
8. 当你需要做出很可能不得人心的决策时,是否找借口逃避而不敢面对?
9. 你是否总是在晚上才发现有要紧的事没办?
10. 你是否因不愿承担艰巨任务而寻找各种借口?
11. 你是否常来不及躲避或无法预防困难情形的发生?
12. 你总是拐弯抹角地宣布可能得罪他人的决定吗?
13. 你喜欢让别人替你做你自己不愿做而又不得不做的事吗?

计分:选 A 得 4 分,选 B 得 3 分,选 C 得 2 分,选 D 得 1 分。

评价:得分 50 分以上,说明你的个人素质与创业者相去甚远;40~49 分,说明你不算勤勉,应彻底改变拖沓、低效率的缺点,否则创业只是一句空话;30~39 分,说明你在大多数情况下充满自信,但有时犹豫不决,不过没关系,这也是稳重和深思熟虑的表现;15~29 分,说明你是一个高效率的决策者和管理者,有望成为成功的创业者,你还等什么?

参考文献

[1] 马振峰. 创造未来——大学生创新创业教程[M]. 上海:同济大学出版社,2017.

[2] 国务院. 关于深化制造业与互联网融合发展的指导意见:国发[2016]28 号[A/OL]. (2016-05-20)[2018-05-10]. http://www.gov.cn/zhengce/content/2016-05/20/content_5075099.htm.

[3] 国务院. 国务院关于印发"十三五"国家科技创新规划的通知:国发[2016]43 号[A/OL]. (2016-08-08)[2018-05-10]. http://www.gov.cn/zhengce/content/2016-08/08/content_5098072.htm.

[4] 工业和信息化部. 工业和信息化部关于完善制造业创新体系,推进制造业创新中心建设的指导意见:工信部科[2016]273 号[A/OL]. (2016-05-20)[2018-05-10]. http://xxgk.miit.gov.cn/gdnps/wjfbContent.jsp?id=5224429.

[5] 克劳斯·施瓦布(Klaus, Schwab). 第四次工业革命:转型的力量[M]. 北京:中信出版社,2016.

第一章 创新思维与创新技法

视频1
扫二维码 看课程视频

学习目标

- 了解创新创业的基本内涵。
- 了解创业、创新、创新能力、创新思维的关系。
- 学会克服消极思维定式，以不同的思维视角思考问题；掌握创新思维的特点与分类。
- 掌握创新技法的特点与分类。
- 树立想创业必须学会思维创新的观念。

知识导图

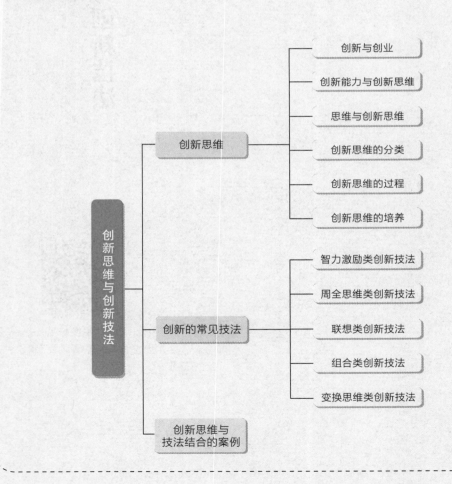

冲锋陷阱，成功源于创新
——中国私企造车第一人：狂想家李书福

没有高学历，没有硬背景，一个普通家庭走出来的不普通青年——李书福，创造了中国汽车产业的神话。他用聪明和汗水换来第一桶金，用疯狂和执着创建自己的吉利帝国，用梦想和智慧书写"蛇吞象"的神话——中国民营企业吉利集团吞并世界著名汽车品牌"沃尔沃"。"中国版福特"李书福用他的经历证明了"敢想才敢干，敢干才能赢！"

1982年的李书福刚刚高中毕业，才19岁，用父亲支持他的120元钱买了一台小相机，骑个破自行车满街给人照相，开始了自己的创业之路。大约用了半年时间，就存了800元钱，开起了照相馆。一年以后，虽说照相馆生意还不错，但是李书福决定把自己辛苦经营的照相馆给关了，原因是他发现了新的赚钱机会。在洗照片的过程中，他发现，用一种药水浸泡，可以把废弃物中的金银分离出来。他觉得利润很大，就开始做起这种行当，并不惜把自己所有的积蓄1万元，都来投资这个项目。

1984年是一个转折点，有一天他的皮鞋漏水，他去一家鞋厂定做皮鞋，看见鞋厂的4位工人在做冰箱用的一种元件。李书福迅速捕捉到商机，他觉得冰箱市场的供不应求必将带动制冷元件产业发展。于是，他立马筹集资金，办起了冰箱配件厂。一年之后，他又提出要独立生产电冰箱。1986年，黄岩县北极花电冰箱厂正式成立，开始生产北极花电冰箱。他的生产火爆，到1989年5月，销售数量达到4000万台，李书福成了千万富翁，此时他年仅26岁。但这年国家调整政策，对电冰箱实行定点生产制度，而民营的"北极花"无缘国家定点生产之列，这宣布了冰箱厂的死刑。

关闭冰箱厂后，李书福来到深圳大学做自修生。在同一宿舍的室友说要对宿舍装修一下，于是他们就去装潢材料市场转悠，这时他又发现了商机。等他念完书后回到家乡，联合几位兄弟，投资2000万元，开办了装饰材料厂，生意很好，大笔的钱流入李书福的口袋之中，并带起了浙江的装潢材料产业。这时李书福手握上亿资金，野心也随着财富增大而变大，他又想进军其他行业了，想要实现多元化经营。

于是在1992年，李书福带着千万资金赶赴海南，结果却是一败涂地，一下子赔进去五六千万,甚至连回来的钱都没有了。这一次惨重失败让李书福清醒了许多,他说,我还是搞实业的好,资本这一块就让别人去做吧。

李书福是一个不怕失败的人,跌倒了要重新爬起来。他又突发奇想,决定生产摩托车。1993年,他吸取了"北极花"的教训,以数千万元的代价收购了浙江临海一家有生产权的国有邮政摩托车厂,并率先研制出四冲程踏板式发动机。接着又与行业老大"嘉陵"合作生产"嘉吉"牌摩托车,不到一年的时间,他的摩托车销量不仅占据国内踏板车龙头地位,还出口到美国、意大利等32个国家。

正当摩托车狂潮还在不断掀起的时候,李书福又做出了一个让人震惊的决定:"我要造汽车!"1997年冬,李书福在临海征地800亩,筹建吉利豪情汽车工业园,1998年8月,"吉利豪情"汽车正式下线!至此李书福开始了他的汽车狂人之路。1999年年底,吉利集团员工发展到近万人,总资产20多亿元,年销售收入30多亿元,吉利集团成为中国第一家生产轿车的民营企业。此外,吉利还投资8亿多元创建了全国最大的民办大学——北京吉利大学。2010年3月28日,在瑞典的斯德哥尔摩,吉利汽车以18亿美元的价格收购瑞典汽车企业沃尔沃100%的股权。

第一节 创新思维

一、创新与创业

1. 创新

奥地利经济学家熊彼特(J. A. Schumpeter)首次提出了经济学上"创新"的概念。按照熊彼特的观点,创新就是建立一种新的生产函数,也就是说,把一种从来没有过的关于生产要素和生产条件的"新组合"引入生产体系。

这种新组合包括5种情况:

(1) 采用一种新产品或一种产品的新特征。

(2) 采用一种新的生产方法。

(3) 开辟一个新市场。

(4) 掠取或控制原材料或半制成品的一种新的供应来源。

（5）实现任何一种工业的新的组织。

熊彼特把新组合的实现称为企业，把以实现新组合为基本职能的人们称为企业家。因此这里的"创新"不是一个技术概念，而是一个经济概念：它严格区别于技术发明，是把现成的技术革新引入经济组织，形成新的经济能力。

综上所述，创新是一个从新思想的产生到产品的设计、试制、生产、营销和市场化的一系列行动。广义的创新概念力求将科学、技术、教育等与经济融汇起来，即创新表现为不同参与者和机构（包括企业、政府、学校、科研机构等）之间交互作用的网络。在这个网络中，何一个节点都可能成为创新行为实现的特定空间。创新行为因而可以表现在技术、体制或知识等不同层面。

2. 创业

简单说，创业就是创立事业。而事业指个人或集体为一定的目标而从事的活动。对个人而言，只要从事着社会发展所需要的工作，进行开拓创新，为社会的发展做出贡献，都应该称为创业。

创业包含以下两个方面内容：一是指个人在集体的某一岗位上按照岗位要求并结合自己的发展目标而努力的创业活动，这也就是通常所说的"岗位创业"，也称为广义创业；二是指个人或群体创立公司，开办企业等个体行为或群体行为较强的创业活动。

按照熊彼特的观点，创新来源于创业，创新应成为评判创业的标准，企业家的职能就是实现创新，引进生产要素的"新组合"，而创业活动则是创造竞争性经济体系的重要力量。因此，创业的内涵主要包括：开创新业务，创建新组织；利用创新这一工具实现各种资源的新组合；通过对潜在机会的挖觉而创造价值。但把创业仅仅理解为创建新企业是片面的，其实，创业的本质在于把握机会，创造性地整合资源，创新和快速行动，创业精神本身也是创新的源泉。享有"美国创业教育之父"之誉的杰夫里·提蒙斯（Jeffry A. Timmons）在创业教育领域经典教科书《创业创造》（New Venture Creation）指出：创业是一种思考、推理结合运气的行为方式，它为运气带来的机会所驱动，需要在方法上全盘考虑并拥有和谐的领导能力。

综合上述观点，我们将创业理解为：创业是创业者对自己拥有的资源或通过努力能够拥有的资源进行优化整合，从而创造出更大经济或社会价值的过程。创业是一种劳动方式，是一种需要创业者运营、组织、运用服务、技术、器物作业的思考、推理和判断的行为。

从创新和创业的发生、发展分析，创新和创业是相辅相成的：创新是创业的前提，而创业是创新的归属。人类靠创新不断地推出新的职业和行业，靠创新把各种职业不断提升到新的高度。而创业不断实现创新的意义，达到创新的目的，又反过来促进人类不断创新。

二、创新能力与创新思维

创新能力是人们从事创新活动所需的各种能力的总称，是一种综合素质，包括创新思维、创新技法、创新实践以及创造性解决创新过程中的新问题，从而取得良好创新成果等。

创新能力具有普遍性和可开发性。研究表明，人的创新能力与先天的智力发育关系并不大。相反，创新能力与许多非智力因素关系密切，包括创新意识、创新精神、勇气、信念、创新思维、创新技法等。因此，并不是智力高、专业技能强的人就具有较强的创新能力，而是人人都可以具有创新能力。同时，创新能力的提高，并不仅仅是对知识的获取，更重要的是对非智力因素的培养。

一个完整的创新过程，经历了发现问题、头脑中产生解决问题的构想、将构想付诸实践三个过程。其中，产生构想是创新的关键，也是最困难的部分，而构想来源于创新思维。

创新思维是一切产生崭新内容的思维形式的总和，是人的创新活动的灵魂和核心。因此可以通过对创新思维的培养，提高创新思维能力，从而达到提高创新能力的目的。

三、思维与创新思维

1. 思维

思维最初是人脑借助于语言对客观事物的概括和间接的反应过程。思维是以感知为基础又超越感知的界限，两者相比较，感知反映的是个别事物的属性，属于感性认识；而思维反映的是一类事物共同的、本质的属性或不同事物间的联系，属于理性认识。思维是人们对现实的概括认识，是高级的认识过程，是以感知为基础而发展的。它是在多次感知的基础上概括出来的对事物本质和事物间规律性联系的认识。人们看见汽车在大街上开动，汽车的颜色、形状以及在街上飞快行驶的情景在脑中得到反映，这是感知觉；但要知道汽车为什么能开动，找出汽车的结构特点及各部件关系，则是思维。

思维是探索与发现事物的内部本质联系和规律性，是认识过程的高级阶段。思维是对事物的间接反映，是指它通过其他媒介作用认识客观事物，及借助于已有的知识和经验，已知的条件推测未知的事物。思维的概括性表现在它对一类事物非本质属性的摒弃和对其共同本质特征的反映。按照思维方式的不同，可将思维分成形象思维、抽象思维、直觉思维和逻辑思维等。思维具有间接性、抽象性、概括性、逻辑性、问题性和目的性等特点。

2. 创新思维

创新思维是指以新颖独创的方法解决问题的思维过程，是在解决问题的过程中通过选择、突破和重新构建已有的知识、经验和新获取的信息，突破常规思维的界限，以新的认知模式把握事物发展的内在本质及规律，以超常规甚至反常规的方法、视角去思考问题，提出与众不同的解决方案，从而产生新颖的、独到的、有社会意义的思维成果。通俗地说，凡是突破传统习惯形成思维定式的思维活动，都可以被称为"创新思维"。

创新思维具有新颖性、独特性、多样性、开放性、潜在性、顿悟性、综合性、批判性等基本特征。

3. 创新思维与一般思维的区别

创新思维就是可以更多面、更多变地看待同一事物、产生不同的想法，比一般思维更有前沿性，更有创造能力。创新思维之所以有别于一般思维，主要有以下特点。

（1）思维形式的反常性

这经常体现为思维发展的突变性、跨越性或逻辑的中断性，这是因为创新思维主要不是对现有概念、知识的循环渐进的逻辑推理的过程和结果，而是依靠于灵感、直觉或顿悟等非逻辑思维形式。

（2）思维过程的辩证性

这主要是指它既包含有抽象思维，又包含有非逻辑思维；既包含有发散思维，又包含有收敛思维；既有求同思维，又有求异思维等。由此形成创新思维的矛盾运动，从而推动创新思维的发展。创新思维实际上是各种思维形式的综合体。

（3）思维空间的开放性

这主要是指创新思维需要从多角度、全方位、宽领域地考察问题，而不再局限于逻辑的、单一的、线性的思维，形成开放式思维。

（4）思维成果的独创性

这是创新思维的直接体现或标志，常常具体表现为创新成果的新颖性及唯一性。

（5）思维主体的能动性

这表明了创新思维是创新主体的一种有目的的活动，而不是客观世界在人脑内简单、被动的直映，充分显示了人类活动的主动性和能动性。

四、创新思维的分类

在创新过程中,人们经常受到消极思维定式的影响,需要找到克服消极思维定式的方法,为提高创新能力扫清障碍。同时,提高创新能力更要求创新者以不同的思维视角去发现事物新的需求点,并将需求转变为创新事物的生命力,这样的创新才具有生命力。

一般来说,创新思维主要有发散思维、收敛思维、联想思维、逆向思维和非逻辑性思维等几种。

1. 发散思维

发散思维是大脑在思考时呈现的一种发散状态的思维模式,是指从一个目标出发,沿着各种不同的途径去思考,探求多种答案的思维方式。这种思维方式不墨守成规,不拘泥于传统的做法,容易引起一连串的创意,具有更多的创造性。

发散思维具有流畅性、变通性、独特性和非逻辑性的特点。流畅性是指以思维的量来衡量的,要求思维活动畅通无阻、灵敏迅速,能在短时间内表达较多的概念;变通性是指思维开阔,思维跳跃,能从多个视角探索解决问题;独特性是指思维的新颖性,能积极地克服思维定式;非逻辑性则指创新思维通常来源于想象、直觉、灵感等非逻辑性思维活动。

以物品的功能以及构成物品的材料、形态以及事物产生的原因、事物之间的关系等作为发散思维的出发点,可以把发散思维分为功能发散、组合发散、方法发散、因果发散等。

> (1) **功能发散** 从某事物出发,设想事物的多种功能,或者从某一个功能出发,构想出获得该功能的各种可能性。
> (2) **组合发散** 以某事物为发散点,尽可能多地把它与别的事物组合成新事物。
> (3) **方法发散** 以某种方法为发散点,设想出利用该方法的各种可能性。
> (4) **因果发散** 以某个事物发展的结果为发散点,推出造成该结果的各种原因,或者由原因推测出可能产生的各种结果。

2. 收敛思维

收敛思维是指在解决问题的过程中,尽可能地利用已有的知识和经验,把众多的信息和解决问题的可能性逐步引导到条理化的逻辑序列中,最终得出合乎逻辑的结论。

收敛思维是一种求同思维，要集中各种想法的精华，达到对问题系统全面的考察，为寻求一种最有实际应用价值的结果而把多种想法理顺、筛选、综合、统一。而发散思维是一种求异思维，在广泛的范围内搜索，要尽可能地放开，把各种不同的可能性都设想到。

收敛思维与发散思维是一种辩证关系，既有区别又有联系，既对立又统一。发散思维得到的结果必须经过收敛思维的认真整理、精心加工，才能形成有意义的创新结果；而收敛思维的加工对象必须经过发散思维的广泛收集、多方搜索。只有两者协同工作，交替运用，一个创新过程才能圆满完成。

发散思维向四面八方发散，收敛思维向一个方向聚集，它们在思维方向上是互补的。同时，在解决问题的早期，发散思维起到更主要的作用；在解决问题的后期，收敛思维则扮演着越来越重要的角色；它们在思维过程上也是互补的。

3. 联想思维

联想思维是人们在头脑中将一种事物的形象与另一种事物的形象联想起来，探索它们之间相同或类似的规律，从而解决问题的思考方法。联想思维就是做到由此知彼、举一反三、触类旁通。

根据联想产生的方向不同，可将联想分为相似联想、相关联想和对比联想。

（1）**相似联想**　是指形态上、性质上或意义上对相似的事物产生的联想。

（2）**相关联想**　是指在时间和空间上将相关、相近的事物联系起来而产生的联想。

（3）**对比联想**　又称为反向联想，是指在对某一事物感知时，对这一事物的某些特性产生相反特点的联想。对比联想往往会通过一些反义词产生联想，如黑与白、冷与热、光明与黑暗、大与小等。

4. 逆向思维

人们的思维习惯是沿着事物的发展方向去思考问题，这样的思考方式比较有效、便利，能解决大多数问题。但在创新中，正向思维会形成思维定式，会束缚人们的思路，影响创造性。因此，可以从相反方向去思考，从结论往回推理，倒过来思考，往往会使问题简单化，使解决它变得轻而易举。

逆向思维一般会从事物的功能、原理、程序等多方面进行逆向思考。

（1）**原理逆向思考**　是指从事物原理的反方向进行思考，获得新的设想。

（2）**功能逆向思考**　是指从事物功能的反方向进行思考，获得新的设想。

（3）**程序逆向思考**　是指反向思考事物发生的程序，从中获得新的解决思路或设想。

5. 非逻辑性思维

非逻辑性思维主要是指灵感、直觉、想象等一系列没有逻辑性的思维方式。它们的产生通常没有特定的条件，可能通过一件小事、一次回忆、一个经验判断就发生了。

> （1）**灵感** 一般是长期执着于某一个待解决的问题时，被某个事物或情景诱发产生。灵感思维是突如其来、瞬间产生的，是思维过程中的一个短暂的最佳状态。
> （2）**直觉** 是指人们根据现有的知识、经验，对事物发展的未来做出的判断和猜想。直觉思维具有高效性、敏感性和预见性，但直觉思维也具有不确定性，也就是不能确定直觉的正确与否。因此，直觉产生后，要对结论进一步验证。
> （3）**想象** 是指人们对记忆中事物的形象进行加工、改造和重组，产生新形象的思维过程。

非逻辑性思维的产生没有固定的逻辑程序，具有一定的偶然性，但它也是创新思维的重要组成部分。

五、创新思维的过程

创新思维在解决问题的活动中需要一定的过程。心理学家对这个过程也做过大量的研究。比较有代表性的是英国心理学家华莱士（G. Wallas）所提出的四阶段论和美国心理学家艾曼贝尔（T. Amabile）所提出的五阶段论。华莱士认为任何创造过程都包括：准备阶段、酝酿阶段、豁朗阶段和验证阶段四个阶段。而艾曼贝尔从信息论的角度出发，认为创造活动过程由提出问题或任务、准备、产生反应、验证反应、结果五个阶段组成，并且可以循环运转。这里以华莱士的四阶段论来看创新思维的活动过程。

1. 准备阶段

准备阶段是创新思维活动过程的第一个阶段。这个阶段是搜集信息、整理资料、做前期准备的阶段。由于要解决的问题存在许多未知数，需要搜集前人的知识经验，来对问题形成新的认识，从而为创造活动的下一个阶段做准备。例如，爱迪生为了发明电灯，据说光收集资料整理成的笔记就有两百多本，总计达四万多页。可见，任何发明创造都不是凭空杜撰，而是日积月累，在大量观察研究的基础上进行的。

2. 酝酿阶段

酝酿阶段主要对前一阶段所搜集的信息、资料进行消化和吸收，在此基础上找出问题的关键点，以便考虑解决这个问题的各种策略。在这个过程中，有些问题由于一时难以找到有效的答案，通常会把它们暂时搁置，但思维活动并没有因此而停止，这些问题会无时无刻萦绕在头脑中，甚至转化为一种潜意识。这个过程容易让人产生狂热的状态，如"牛顿把手表当成鸡蛋煮"就是典型的钻研问题狂热的例子。因此，在这个阶段要注意有机结合思维的紧张与松弛，使其向更有利于问题解决的方向发展。

3. 豁朗阶段

豁朗阶段也被称为"明朗阶段"或"顿悟阶段"。经过前两个阶段的准备和酝酿，思维已达到一个相当成熟的阶段，在解决问题的过程中常常会进入一种豁然开朗的状态，这就是前面所讲的灵感。

4. 验证阶段

验证阶段又被称为"实施阶段"，主要是把通过前面三个阶段形成的方法、策略进行检验，以求得到更合理的方案，这是一个否定——肯定——否定的循环过程。通过不断实践检验，从而得出最恰当的创新思维的过程。

六、创新思维的培养

创新思维是在一般思维的基础上发展起来的，它是后天培养与训练的结果。卓别林为此说过一句耐人寻味的话："和拉提琴或弹钢琴相似，思考也是需要每天练习的。"因此，应当有意识地培养自己的创新思维。日本心理学家多湖辉在他的《创造性思维》一书中，提出了以下建议。

1. 展开"幻想"的翅膀

据心理学家研究，人脑有四个功能部位。一是从外部世界接受感觉的感受区；二是将这些感觉收集、整理起来的贮存区；三是评价收到的新信息的判断区；四是按照新的方式将旧信息结合起来的想象区。只善于运用贮存区和判断区的功能，而不善于运用想象区功能的人就不善于创新。一般人只用了想象区的15%，其余的还处于"冬眠"状态，开发想象区就要从培养想象入手。

在思维过程中，如果没有想象的参与，特别是没有创造想象的参与，思考就会发生困难。幻想是构成创造性想象的准备阶段，今天还在幻想中的东西，明天就可能出现在创造性的构思中。世界上第一架飞机，就是从人们幻想造出飞鸟的翅膀而开始的。幻想不仅能引导人们发现新的事物，还能激发人们做出新的努力和探索，去进行创造性劳动。青年人爱幻想，要珍惜自己的这一宝贵财富。

2. 培养发散思维

发散思维是创新思维的核心，通过训练发散思维可以提高一个人的创新思维能力。

发散思维的训练方法有多种，以下列举几种训练方法作为参考。

- 用途扩散：列举某种物品的用途。
- 结构扩散：加一笔变个字。
- 形态扩散：列举绿色的物品。
- 方法扩散：用"敲"能解决的问题。
- 语文：自由联想组词。
- 数学：一题多解。
- 历史：列举以少胜多的战役。

下面以第一个方法为例进行详细的介绍。让学生或者自己想象"红砖的用途有哪些？"刚开始学生想到的往往是红砖最基本的建筑功能，随着思考的加深，红砖的功能会变得越来越丰富。

①建筑材料：盖房子（包括盖大楼、宾馆、教室、仓库、猪圈、厕所……）、铺路面、修烟囱等。

②从砖头的重量：压纸、腌菜、凶器、砝码、哑铃练身体等。

③从砖头的固定形状：尺子、多米诺骨牌、垫脚等。

④从砖头的颜色：水泥地上当笔、画画、压碎成红粉做指示牌、磨碎掺进水泥做颜料等。

⑤从砖的硬度：凳子、锤子、支书架、磨刀等。

⑥从红砖的化学性质：吸水。

⑦其他：刻成一颗红心献给心爱的人，在砖上制成自己的手、脚印变成工艺品留念。

3. 发展直觉思维

直觉思维是创新思维活跃的一种表现，它既是发明创造的先导，也是百思不解之后突然获得的硕果，在创造发明的过程中具有重要的地位。达尔文在观察到植物幼苗的顶端向太阳照射的方向弯曲这一现象时，就想到了是幼苗的顶端含有某种物质而在光照下跑向背光一侧的缘故，但在他有生之年未能证明这是一种什么物质，后来经过许多科学家的反复研究，终于在1933年找到了这种物质——植物生长素。

直觉思维在学习过程中有时表现为提出怪问题，有时表现为大胆猜想，有时表现为一种应急性的回答，有时表现为解决一个问题，设想出多种新奇的方法……为了培养创新思维，当这些想象纷至沓来的时候，千万别怠慢了它们。青年人感觉敏锐，记忆力好，想象极其丰富，在学习和工作中发现和解决问题时，可能会出现突如其来的新想法、新观念，要及时捕捉这种创新思维的产物，要善于发展自己的直觉思维。

4. 以不同的思维视角思考问题

同一个事物，使用不同的思维视角去看时，就能发现事物不寻常的性质，这些特性并不是事物新产生的，而是一直存在于该事物中，只是没有人发现而已。所以，以不同的思维视角看待问题，能够不断地发现创新点，对于提升创新能力乃至整个创新过程起到至关重要的作用。

一个物体，如果从它的物理性质、几何性质、化学性质等不同的角度去分析，就能够拓展物体的使用空间。例如：一段木头，它的主要成分是碳元素，所以它能燃烧；它由植物纤维构成，所以它能制纸、制衣；它是固体，并且易于切割，所以可以用它制作家具；它不易于传热，所以可以用它隔热；它有年轮，可以用它计算年份等。

一项工作任务，通常都是根据事物一般发展规律，控制事态发展，达到预期目的；但是，也可以从任务的目标反过来分析达成目标的条件，找到最简单的完成任务的方法。

5. 培养强烈的求知欲

古希腊哲学家柏拉图和亚里士多德都说过，哲学的起源乃是人类对自然界和人类自己所有存在的惊奇。他们认为，积极的创新思维往往是从人们感到"惊奇"，在情感上燃烧起对这个问题追根究底的强烈的探索兴趣时开始的。因此，要激发自己创造性学习的欲望，首先就必须使自己具有强烈的求知欲，而人的求知欲总是在需要的基础上产生的。没有精神上的需要，就没有求知欲。要有意识地为自己出难题，或者去思考前人遗留下的不解之谜，激发自己的求知欲。求知欲会促使人去探索科学，去进行创新，而只有在探索过程中才会不断地激起好奇心和求知欲，并使之不枯不竭、永为活水。一个人，只有当他对于学习的心理状态总处于"跃跃欲试"这一阶段的时候，才能使自己的学习过程变成一个积极主动"上下求索"的过程。这样的学习，不仅能获得现有的知识和技能，还能进一步探索未知的新境界，发现未掌握的新知识，甚至创造前所未有的新见解、新事物。

第二节 创新的常见技法

创新思维是创新能力的核心基础，但仅仅通过培养创新思维能力，并不能有效地将其转化为创新能力。必须使用一些创新技法把创新思维与创新经验、成果结合起来，整体地提高创新能力和创新成功的概率。

一、智力激励类创新技法

智力激励类创新技法是能充分发挥每个人才能的群体创新方法。个人的智慧远远没有群体智慧强大,"众人拾柴火焰高""三个臭皮匠,胜过一个诸葛亮"都说明了群体智慧的重要性。智力激励类创新技法在发挥群体中每个人的创新思维的同时,更将成功归结到群体的力量。

智力激励类创新技法主要有"头脑风暴法"和"德尔菲法"。

1. 头脑风暴法

在群体决策中,由于群体中成员的心理相互作用和影响,群体中的成员易屈从于权威或大多数人意见,形成所谓的"群体思维"。群体思维削弱了群体的批判精神和创造力,损害了决策的质量。为了保证群体决策的创造性,提高决策质量,管理上发展了一系列改善群体决策的方法,头脑风暴法是较为典型的一个。

头脑风暴法是由美国创造学家亚历克斯·奥斯本(Alex Faickney Osborn)提出并完善的一种激发创新思维的方法。头脑风暴法是通过群体自由联想和讨论的一种创新方法。头脑风暴法又称为奥斯本智力激励法、BS法、自由思考法。

头脑风暴法出自"头脑风暴"一词。所谓头脑风暴(Brainstorming)最早是精神病理学上的用语,指精神病患者的精神错乱状态,如今其意转为无限制的自由联想和讨论,其目的在于产生新观念或激发创新设想。

采用头脑风暴法组织群体决策时,要集中有关人员召开专题会议,主持者以明确的方式向所有参与者阐明问题,说明会议的规则,尽力创造融洽轻松的会议气氛。主持者一般不发表意见,以免影响会议的自由气氛,由与会人员"自由"提出尽可能多的方案。为使与会者畅所欲言,互相启发和激励,达到较高效率,必须严格遵守下列原则:禁止批评和评论,也不要自谦;目标集中,追求设想数量,越多越好;鼓励巧妙地利用和改善他人的设想;与会人员一律平等,各种设想全部记录下来;主张独立思考,不允许私下交谈,以免干扰别人思维;提倡自由发言,畅所欲言,任意思考;不强调个人的成绩,以整体利益为重等。

2. 德尔菲法

德尔菲法也称专家调查法,1946年由美国兰德公司创始实行。该方法是由企业组成一个专门的预测机构,其中包括若干专家和企业预测组织者,按照规定的程序,背靠背地征询专家对未来市场的意见或者判断,然后进行预测的方法。

德尔菲法本质上是一种反馈匿名函询法。其大致流程是:在对所要预测的问题征得专家的意见之后，进行整理、归纳、统计，再匿名反馈给各专家，再次征求意见，再集中，再反馈，直至得到一致的意见。其过程可简单表示如下：

匿名征求专家意见—归纳、统计—匿名反馈—归纳、统计……若干轮后停止。

由此可见，德尔菲法是一种利用函询形式进行的集体匿名思想交流过程。它有三个明显区别于其他专家预测方法的特点，即匿名性、多次反馈、小组的统计回答。

二、周全思维类创新技法

周全思维是指全方面地考虑事物的属性，从而找到事物新的可利用或发展的特点。周全思维类创新技法是借助周全思维，启发创造者的创造灵感、控制创新思维，从而产生创造性的设想，最终达成发明创造的方法。周全思维类创新技法分为列举法、设问法等。

1. 列举法

列举法首先对某一事物的特定性质进行全面的分析、列举，然后采用表格的形式将列举的内容罗列出来，再从所列举出来的内容中启发出创造性的设想和挖掘出发明创造的主题。

列举法又分为特性列举、缺点列举、希望点列举，各种类型的列举法关注点不同。特性列举针对事物的原理、结构、功能、材料、造型、工艺等方面进行列举；缺点列举从事物的缺点出发，如商品体积大、功能少、难操作、不结实等；希望点列举则注重使用者的意见，特别是特殊人群对事物的希望。

使用列举法创新的过程中，列举所得到的事物特性是进行创新的资料，往往能诱发创新思路。例如，缺点列举时，并不是缺点都是不能利用的，缺点能为人们找到改进的思路，甚至有的缺点还能逆用，以此来增加事物的功能或价值。移动电话正是为了克服固定电话不能移动的缺点而产生的。

2. 设问法

设问法是对某一事物或对象提出指定的问题，在回答问题的同时，启发人们的创造性设想或找出创新主题的方法。设问法包括5W1H法、奥斯本检核表法、和田十二法。

（1）5W1H法

5W1H法是提出六方面的问题，即为什么（Why）、做什么（What）、什么人（Who）、什么地方（Where）、什么时候（When）、怎么做（How）。5W1H法从六个方面来全面审核事物或产品，如果六个问题都无懈可击，那么事物和产品是可取的；如果回答不能令人满意，则事物或产品是有待改进的，并且改进的方向已经确定。

5W1H法可用于分析产品,也可以用于分析创新方案和某一功能,分析之后再决定是否要做。

以迅雷网游加速器为例,用5W1H法来分析:

What——用户可以用这个产品或功能做什么?产品或功能为用户解决什么问题?(加速游戏,解决延时、掉线、登录慢等问题)

Where——用户会在哪里用这个产品或功能?(在家、网吧等)

Why——用户为什么用你的产品,而不用别的产品?为什么需要这个功能?和其他产品的区别是什么?(迅雷网游加速器可免费使用、加速快、安全方便、签到送礼等)

When——用户在什么时候会用这个产品或功能?(玩游戏时)

Who——谁是我们的用户群?产品或功能为谁设计?(网游用户)

How——用户如何使用这个产品或功能?(下载迅雷网游加速器→登录游戏→选择区/服→启动加速→再启动游戏即可)

所以,迅雷网游加速器是一个可取的、有价值的产品。

(2) 奥斯本检核表法

这是针对某种特定要求制定的检核表,主要用于新产品的研制开发。奥斯本检核表法是指以该技法的发明者奥斯本命名、引导主体在创造过程中对照九个方面的问题进行思考,以便启迪思路、开拓思维想象的空间、促进人们产生新设想、新方案的方法,主要面对九个大问题:有无其他用途、能否借用、能否改变、能否扩大、能否缩小、能否代用、能否重新调整、能否颠倒、能否组合。

奥斯本检核表法是一种产生创意的方法。在众多的创造技法中,这种方法是一种效果比较理想的技法。由于它突出的效果,被誉为创造之母。人们运用这种方法,产生了很多杰出的创意,以及大量的发明创造。

(3) 和田十二法

和田十二法,又叫"和田创新法则"(和田创新十二法),即指人们在观察、认识一个事物时,考虑是否可以创新。和田十二法是我国学者许立言、张福奎在奥斯本检核问题表基础上,借用其基本原理,加以创造而提出的一种思维技法。它既是对奥斯本检核问题表法的一种继承,又是一种大胆的创新。比如,其中的"联一联""定一定"等就是一种新发展。同时,这些技法更通俗易懂,简便易行,便于推广。其检核的项目归纳为十二个。

1. **加一加**：加高、加厚、加多、组合等。
2. **减一减**：减轻、减少、省略等。
3. **扩一扩**：放大、扩大、提高功效等。
4. **变一变**：变形状、颜色、气味、音响、次序等。
5. **改一改**：改缺点、改不便、不足之处。
6. **缩一缩**：压缩、缩小、微型化。
7. **联一联**：原因和结果有何联系，把某些东西联系起来。
8. **学一学**：模仿形状、结构、方法，学习先进。
9. **代一代**：用别的材料代替，用别的方法代替。
10. **搬一搬**：移作他用。
11. **反一反**：能否颠倒一下。
12. **定一定**：定个界限、标准，能提高工作效率。

如果按这十二个"一"的顺序进行核对和思考，就能从中得到启发，诱发人们的创造性设想。所以，和田十二法、检核表法，都是一种打开人们创造思路、从而获得创造性设想的"思路提示法"。

三、联想类创新技法

联想类创新技法是基于联想思维的创新技法，主要包括类比法、移植法、强制联想法。

1. 类比法

类比法是把陌生的对象与熟悉的对象，把未知的事物与熟悉的事物进行比较，从中获得启发而解决问题的方法。类比法又分为直接类比、仿生类比、因果类比等。

2. 移植法

移植法是把某一事物的原理、结构、方法等转化到当前研究的对象中，从而产生新成果的方法。移植法分为原理移植、结构移植、方法移植、材料移植等。移植法的一个典型例子，就是对发泡原理的移植，移植到橡胶工业，发明了海绵；移植到塑料工业，有了泡沫塑料；移植到水泥工业，诞生了气泡混凝土；移植到化工领域，有了轻质香皂；移植到食品中，有了膨化冰淇淋。

3. 强制联想法

强制联想法是将一些没有关联的事物放在一起，迫使人们去联想那些想象不到的东西，从而产生思维的跳跃，跨越逻辑思维的屏障而产生新奇怪异的设想。强制联想往往会先设定一个需要革新的事物作为目标，然后，将它与其他事物联系起来，用其他事物的特性去改变它。

例如，选择一个待革新的事物——笔记本作为目标，联想物选择电灯。接下来，展开联想：

①电灯会发光，能否把荧光材料添加到笔记本中，让它也发光；
②电灯有螺旋插口和卡口两种形式，笔记本闭合时能否使用其中某种形式；
③电灯是玻璃制成的，笔记本能否加上玻璃材质，让它更美观；
④电灯是圆形的，笔记本能否制成圆形等。有了这些设想后，再来筛选有价值的设想，并研究它。

四、组合类创新技法

组合是把两项或两项以上独立的技术或事物通过想象加以联合，构成一个新的不可分割的整体。组合类创新技法基于组合思维，主要包括主体附加法、二元坐标法等。

1. 主体附加法

主体附加法是指以某一特定的对象为主体，通过对主体的某一部分进行置换，或者在主体上插入其他附件和技术，以增加主体的功能和性能的方法。

例如：内含充电电池的音箱，脱离了必须使用交流电的限制；

内含蓝牙接口的音箱，在连接电脑或其他音频设备时不受连接线的限制；

内含存储卡读卡器的音箱，使音箱直接摆脱了电脑或其他音频设备，可以独立播放音乐；

当音箱和拉杆箱组合的时候，音箱又摆脱了移动困难的问题。

2. 二元坐标法

二元坐标法是将任意的多个元素放在平面直角坐标系的两条数轴上，按秩序轮番地对元素进行组合，并对这些组合进行论证，选出有意义的组合物进行创新。

例如：任意选择几个概念，如手机、水、小熊、钟表、折叠、雨伞、声音、刻度尺、钢笔、包。然后任意地将上述概念放到横、纵坐标上，对坐标上的元素进行两两组合，产生不同的设想。当然，有的设想是已经存在的，有的是新的，有的没有意义，有的较难实现。

二元坐标法遵从三个原则：❶联想元素的选择可以随心所欲，不受限制，当然最好选用名词、动词、形容词；❷在进行横纵坐标两两组合时，坐标上的元素可以任意调换，还要对设想进行判断，区分已经实现的、容易实现的、无意义的等；❸对有意义的设想进行可行性分析。

随着创新技法的不断发展，组合类创新技法还包含了与二元坐标法相似的多种方法，如形态分析法、信息交合法等。

五、变换思维类创新技法

变换思维类创新技法是指把事物的一种形式和内容换成另一种，从而出现新思路、新途径、新功能等设想。变换思维类创新技法主要应用逆向思维，打破思维定式，产生创新。变换思维类创新技法主要包括还原法、逆向法等。

1. 还原法

还原法是指暂时放下当前问题，另辟蹊径，分析问题的本质，回到问题的起点，从而解决问题的创新方法。当回到问题的起点时，分析问题的本质，往往会发现问题并不困难，完全可以用其他思路去解决。

2. 逆向法

当把问题反过来思考时，往往能解决正向思考不能解决的问题，这就是逆向法。逆向法的核心在于对立、颠倒、相反地考虑问题。

在使用创新技法进行创新时，并不拘泥于单一地使用某一个创新思维，往往会把多种创新思维结合起来使用。

第三节　创新思维与技法结合的案例

创新思维活动是一个过程，在这个过程中，往往有多种思维形式与技法的参与。所以，创新思维并非只是单一的形式，而是多种思维形式、技法的综合运用，是各种智力因素和非智力因素的和谐统一。

案例分享 1-1

美国"汽车大王"福特——上演"事故中的故事"

1905 年的一天，在美国伊利湖畔繁忙的公路上，发生了一起严重的车祸：两辆车头尾相撞，后面又撞上了一连串的汽车。转瞬间，公路上一片狼藉，碎玻璃、碎金属片满地都是。事故发生以后，除了警察赶到现场以外，还来了一个人——一家汽车厂的老板。

这位老板来了之后，忙着仔细地察看着每一辆汽车。看着，看着，突然，他被地上一块亮晶晶的碎片吸引了。这是一块从一辆法国轿车车阀轴上掉下来的。粗看这一块碎片，与其他碎片相比并无什么特殊之处，然而，它的光亮和硬度引起了这个老板的注意。他似乎感到这其中隐藏着巨大的奥秘。

于是，他把碎片捡起来，悄悄地放进口袋里，准备带回家好好地进行研究。回到公司以后，他将捡来的碎片交到了中心试验室，要求他们认真分析一下，看看这些碎片里面到底含有什么东西。

中心试验室的分析报告很快就出来了。这块碎片里含有少量的金属钒。这种金属钒弹性优良，韧性很强，坚硬结实，如果放在汽车的某些零件上，具有很好的抗冲击和抗弯曲能力，而且不易磨损和断裂。同时，公司的情报部门还送来了一个报告：法国人似乎是偶然使用了这块含钒的钢材，因为同类型的法国轿车并没有使用这种钢材。

听到这个报告，这个老板高兴极了。他立刻下令马上试制这种钒钢，结果非常令人满意。接着，他又去忙着寻找储量丰富的钒矿，解决冶炼钒钢的技术难题，以便早日将钒钢用在自己公司制造的汽车上，迅速占领美国乃至世界的市场。

这个老板最终成功了。他把钒钢用在生产公司汽车的发动机、阀门、弹簧、传动轴、齿轮等零部件上，使汽车的质量有了大幅度的提高。几十年以后，这个汽车公司成为世界上最大的汽车生产商之一，而那个老板就是后来闻名于世界的"汽车大王"福特。

后来福特深有感触地说："假如没有钒钢，就没有福特汽车的今天。"

（转摘：马树林. 企业家创新的故事［M］. 北京：中国经济出版社，2009.）

评析： 案例中的福特可以说是个细心人，从一起汽车事故中看出问题，可以说是由突发的联想，产生思维的跳跃，从而产生新奇的设想，成功地在这起事故中找出钒钢，使汽车零件质量大大提高，打开了福特汽车的畅销之路。

案例分享1-2

荷兰商人卡洛抓住灵感创办"开心"公司的故事

有一次，一位名叫卡洛的荷兰商人到剧院观看演出，当他看到一个笑话的节目时，被演员所讲的笑话逗得哈哈大笑。多数观众笑后就罢了，但卡洛却反复思考，认为

"笑话"可以作为一种"商品"。

经过周密的研究分析，卡洛决定搞一个独特的电话服务公司——"开心公司"。他千方百计汇集了世界各国出版的 1000 多册笑话选集，从中挑选了成千上万个精彩的笑话，请翻译译成英语，并使之富有幽默感。然后再聘请滑稽演员把这些笑话一个个录下音，在电话台上增设一个特制的系统，备有专用电话号码。用户只要一拨这个专用号码，就能听到令人哈哈大笑的笑话。当然，用户每听一次，都要支付一定的费用。这一别开生面的业务一开张，就受到了广大听众的欢迎，卡洛也从中获得了源源不断的收入。

为了保护自己的专利，卡洛先在荷兰进行了专利注册。不久，随着生意的兴旺，卡洛在英国等 24 个国家也进行了该专利注册。

卡洛在荷兰先后与 180 个城市的电话局签订合同，电话局都安上了特种设备，开展笑话业务。在国内业务的基础上，他又开始向美、日、德、俄等国出口，年业务额达 2000 多万美元。

（转摘：马树林. 企业家创新的故事［M］. 北京：中国经济出版社，2009.）

> **评析：** 在上述案例中，卡洛抓住突然冒出的灵感，并对之进行研究、开发，结合人们的需求，找到卖点，就有可能使经营迅速走向成功。在市场竞争中，许多公司惨淡经营，却没有想到运用灵感去改变现状。"灵感"不是凭空而来，往往是经过一番苦思冥想后而出现的"顿悟"现象。

案例分享 1-3

阿里巴巴的大数据

2012 年 7 月，阿里巴巴的"聚石塔"正式发布，"数据分享平台"战略全面展开。马云正式公布了阿里巴巴"三步走"发展策略，"平台、金融、数据"。有业内人士认为，这意味着整合阿里旗下所有电商模式的"基石"——大数据平台初步成形，阿里巴巴集团正在重新认识电子商务，成为更强壮的数据和电商服务平台。

在阿里的数据集团中，阿里金融可谓独树一帜。首任阿里巴巴集团数据委员会会长车品觉曾表示，阿里集团数据产品的标杆是阿里金融。据悉，阿里金融的数据来源包括淘宝、天猫、B2B、支付宝等，除此之外，阿里金融还会调取卖家与网购有关的日志、聊天记录、信用评价、退换货记录等各种结构化和非结构化的数据，利用阿里金融的大数据数学模型对此进行分析处理。

李先生就是凭着自己在淘宝上的各种经营数据顺利拿到了阿里金融的贷款。"我经营这家服装网店两年了，收到的基本都是好评，因此，阿里也认可我店铺的信用度。"李先生说道。

还有众多的小微企业，在企业贷款时，银行要求提供房产、购车证明，用资产做抵押。而阿里金融则能够借助技术手段，把碎片化的信息还原成对企业的信用认识。比如一个小工厂，用电量一直在持续攀升，阿里就认为该工厂的业务很好，信誉就可以相应调高。

事实上，阿里内部对数据的运用不仅仅体现在商业产品上，数据也在大大缩短、简化内部的业务流程。

> **评析：** 近年来大数据技术的快速发展深刻改变了我们的生活、工作和思维方式。**大数据思维**最关键的转变在于从自然思维转向智能思维，使得大数据像具有生命力一样，获得类似于"人脑"的智能，甚至智慧。思维方式也应该从样本思维转向总体思维，从精确思维转向容错思维，从因果思维转向相关思维，从自然思维转向智能思维。

思考与训练

思考题

1. 什么是创新？创新的基本要素有哪些？
2. 什么是创新思维？如何培养和发展创新思维？
3. 简述头脑风暴法的实施要点。
4. 简述5W1H法的实施要点。

创新能力测试

说明：创造性人才在企业中越来越重要，这类人才能够创造性地完成工作，不会被困难吓倒，不会因为条件不具备而放弃努力。在寻找创新、开发、管理方面的人才时，必须考虑人才的创新能力。

1. 创新思维能力测试

下面是10道题目，如果符合你的情况，则回答"是"，不符合则回答"否"，不确定则回答"不确定"。

（1）你认为那些使用古怪和生僻词语的作家，纯粹是为了炫耀。

（2）无论什么问题，要让你产生兴趣，总比让别人产生兴趣要困难得多。

（3）对那些经常做没把握事情的人，你不看好他们。

（4）你常常凭直觉来判断问题的正确与错误。

（5）你善于分析问题，但不擅长对分析结果进行综合、提炼。

（6）你审美能力较强。
（7）你的兴趣在于不断提出新的建议，而不在于说服别人去接受这些建议。
（8）你喜欢那些一门心思埋头苦干的人。
（9）你不喜欢提那些显得无知的问题。
（10）你做事总是有的放矢，不盲目行事。

评分标准如表1-1所示。

表1-1 评分标准

题号	"是"评分	"不确定"评分	"否"评分
1	-1	0	2
2	0	1	4
3	0	1	2
4	4	0	-2
5	-1	0	2
6	3	0	-1
7	2	1	0
8	0	1	2
9	0	1	3
10	0	1	2

评价： 得22分以上，说明被测试者有较高的创新思维能力，适合从事环境较为自由、没有太多约束、对创新性有较高要求的职位，如美编、装潢设计、工程设计、软件编程人员等。

得分21~1分，说明被测试者善于在创造性与习惯做法之间找出均衡，具有一定的创新意识，适合从事管理工作，也适合从事其他许多与人打交道的工作，如市场营销。

得分10分以下，则说明被测试者缺乏创新思维能力，属于循规蹈矩的人，做人总是有板有眼，一丝不苟，适合从事对纪律性要求较高的职位，如会计、质量监督员等职位。

2. 创造力测试

下面是20个问题，要求应聘者回答。如符合情况，则在（ ）里打"√"，不符合的则打"×"。

（1）在别人说话时，你总能专心倾听。　　　　　　　　　　　　　　　（　　）

(2) 完成了上级布置的某项工作，你总有一种兴奋感。　　　　　(　　)
(3) 观察事物向来很精细。　　　　　　　　　　　　　　　　　(　　)
(4) 你在说话，以及写文章时经常采用类比的方法。　　　　　　(　　)
(5) 你总能全神贯注地读书、书写或者绘画。　　　　　　　　　(　　)
(6) 你从来不迷信权威。　　　　　　　　　　　　　　　　　　(　　)
(7) 对事物的各种原因喜欢寻根问底。　　　　　　　　　　　　(　　)
(8) 平时喜欢学习或琢磨问题。　　　　　　　　　　　　　　　(　　)
(9) 经常思考事物的新答案和新结果。　　　　　　　　　　　　(　　)
(10) 能够经常从别人的谈话中发现问题。　　　　　　　　　　(　　)
(11) 从事带有创造性的工作时，经常忘记时间的推移。　　　　(　　)
(12) 能够主动发现问题，以及和问题有关的各种联系。　　　　(　　)
(13) 总是对周围的事物保持好奇。　　　　　　　　　　　　　(　　)
(14) 能够经常预测事情的结果，并正确地验证这一结果。　　　(　　)
(15) 总是有些新设想在脑子里涌现。　　　　　　　　　　　　(　　)
(16) 有很敏感的观察力和提出问题的能力。　　　　　　　　　(　　)
(17) 遇到困难和挫折时，从不气馁。　　　　　　　　　　　　(　　)
(18) 在工作中遇到困难时，常能采用自己独特的方法去解决。　(　　)
(19) 在问题解决过程中找到新发现时，你总会感到十分兴奋。　(　　)
(20) 遇到问题，能从多方面多途径探索解决它的可能性。　　　(　　)

> **评价：** 如果20道题答案全部是打"√"的，则证明创造力很强；如果有14~19道题答案是打"√"的，则证明创造力良好；如果有10~13道题答案是打"√"的，则证明创造力一般；如果低于10道题答案是打"√"的，则证明创造力较差。

3. 工作创意测试

下面是10道题目，请在括号中的备选答案中选一个。

(1) 你在接到任务时，是否会问一大堆关于如何完成任务的问题？

（肯定0分，否定1分）

(2) 你在完成任务过程中，是否不善于思考，而习惯于找他人帮忙，或者不断来问别人有关完成任务的问题？　　　　　　　　（肯定0分，否定1分）

(3) 在任务完成得不好时，你是否会找出一大堆理由来证明任务太难？

（肯定0分，否定1分）

(4) 对待多数人认为很难的任务，你是否有勇气和信心主动承担？

（肯定1分，否定0分）

（5）当别人说不可能时，你是否就放弃？　　　　　　（肯定0分，否定1分）
（6）你完成任务的方法是否与他人不一样？　　　　　（肯定1分，否定0分）
（7）在你完成任务时，领导针对任务问一些相关的信息，你是否总能回答？
　　　　　　　　　　　　　　　　　　　　　　　　（肯定1分，否定0分）
（8）你是否能够立即行动，并且工作质量总能让领导满意？
　　　　　　　　　　　　　　　　　　　　　　　　（肯定1分，否定0分）
（9）工作完成得好与不好，你是否很在意？　　　　　（肯定1分，否定0分）
（10）对于做好了的工作，你能否很有条理地分析成功的原因和不足？
　　　　　　　　　　　　　　　　　　　　　　　　（肯定数1分，否定0分）

评价： 如果受测试者能够得10分，就很棒了；能够得7分以上，则过得去；如果低于7分，就不尽如人意了；如果低于5分，受测试者就应该自我反思。

参考文献

[1] 范耘,罗建华,刘勇.创新创业实用教程[M].北京:机械工业出版社,2017.
[2] 丁欢,汤程桑.创新与创业教育指导[M].南京:南京大学出版社,2015.
[3] 张晓芒.创新思维方法概论[M].北京:中央编译出版社,2008.
[4] 郭瑞增.创业改变命运[M].天津:天津科学技术出版社,2008.
[5] 马树林.企业家创新的故事[M].北京:中国经济出版社,2009.

第二章 产品创新、转化与保护

视频2
扫二维码 看课程视频

学习目标

- 了解新产品的概念。
- 掌握新产品开发的流程。
- 了解产品创新的思路与途径。
- 了解产品创新成果转化的途径。
- 了解保护新产品的流程。

知识导图

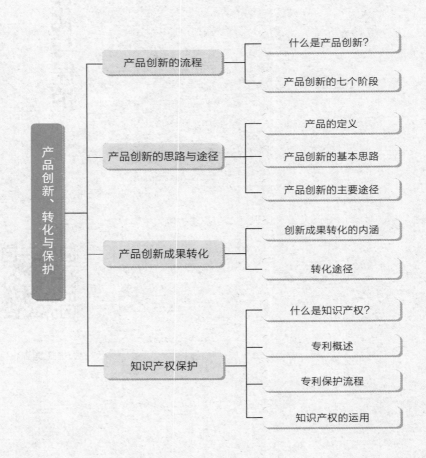

吉利汽车技术的创新演变

一、吉利汽车技术研发的背景

过去，我国国产吉利汽车虽然发展迅速，但也面临诸多问题，最突出的就是：投资过热、产品分散、配套设施落后，自主研发和创新能力的提高进展缓慢，甚至形成了严重的技术依赖，是在以市场换技术，但这些问题都可以通过企业间的技术联盟得以解决或缓解。通过技术联盟推动企业重组，纵向技术联盟可以有效地加强配套设施建设；横向技术联盟又可以加快提升吉利的研发能力。

二、吉利汽车技术创新演变之路

（1）确立正确的汽车技术发展战略　吉利汽车发展模式实际上走的是一条以引进为主和以组装为主的产业依附型发展道路。在短期内选择此条路线，既可以迅速填平市场供求缺口，又可以借助外力很快提高国内汽车产业的技术水平，走技术联盟的自主创新的技术发展道路。

（2）以技术联盟推动产品重组　吉利汽车的缺点是产品零部件间缺少合作，进而导致大量的重复投资和技术在地域上的分散。因此，由分散走向重组是大势所趋。产品间的重组可以选择联盟，也可以选择并购，但重组不能仅仅依靠企业间的并购来完成，不能依靠基于资本运作的并购，而应该是基于核心技术、核心竞争力的重组，技术联盟就是最好的选择之一。

（3）加强技术合作研发的实力　吉利选择了具有先进汽车技术和研发能力，并愿意转让其技术的跨国汽车企业作为技术联盟伙伴，与之进行合作。加强国际合作，争取进入由联盟外方主导的核心技术研发领域，以求融入全球技术研发的主流。

（4）做好引进技术的工作　吉利在做好联合开发的基础上，逐渐走上自主开发、自我发展的道路。实现从只注重引进技术向注重自主开发创新转变，在合作中向外国专家学习，在学习中不断提高。再者加大对科研的投入：无论是消化吸收、引进技术，还是实现国产化，都做了大量的科研投入。

三、评述吉利汽车技术创新的成果

（1）研发能力迅猛提升　吉利汽车研究院已形成独立的造型设计、工程设计、工程分析、试制试装和同步工程能力，完全具备了汽车整车、发动机、变速器及新能源等关键技术的正向自主开发能力。

（2）车型产品层出不穷　科学的产品平台规划与不断深化的通用化建设。2009年，吉利汽车研究院每季度至少推出一款全新车型的开发能力。2009年，吉利EC718、EC718-RV、中国龙、海景和熊猫1.0升等车型成功上市。2010年，吉利有包括首款C级轿车、首款SUV、全新经济型轿车等在内的10多款车型投放市场。

（3）核心技术不断突破　"安全第一"战略硕果累累：吉利独创的BMBS爆胎监测与控制技术的重大突破，带动主动安全技术的全面提升；远景在中国汽车技术中心CNCAP第三方认证中成为自主品牌首款四星级轿车等。

（4）科技成果节节攀升　吉利的专利、科技成果科技指标连年增长，且质量不断提高。仅2009年，吉利集团就申请了922项专利，吉利还获得了一系列科技奖励。吉利技术体系创新工程建设，确保了企业战略转型的成功实施，提高了吉利产品核心竞争力。

第一节　产品创新的流程

创新是民族进步的灵魂，是一个国家兴旺发达的不竭动力。对于一个企业来说，产品创新的开发关系到企业的兴衰成败。产品创新同时也是经济学、管理学、心理学和社会学等多学科共同关注的一个话题。因为在实践中，产品创新不仅能为企业创造竞争优势，获得更多利润，还能为消费者创造多样化的选择，扩大内需，促进经济增长。

一、什么是产品创新？

产品创新既包括企业提供某种新产品或新服务的形式，也包括企业生产和传输产品或服务的新形式。产品创新是把任何一种新的生产要素或者生产条件引入生产系统，使产品的核心价值、形式或者附加值发生了改变，为企业创造了新的市场需求。

产品创新分为以下几类：

（1）**全新产品**　应用科技成果，运用新原理、新技术、新工艺、新材料制成的市场上从未有过的产品。

（2）**换代新产品**　在原有产品的基础上，部分采用新技术、新材料、新结构制造出来的，性能上有显著提高的产品。

（3）**改进新产品**　在原有产品的基础上，对成分、特点、功能、包装、款式、质量等给以适当改进和变化的产品。市场上的新产品大部分是这种新产品。

（4）**仿制新产品**　企业模仿市场上已有的产品，只是在造型、样式和外观等方面稍微做改变，使用新品牌后，提供给市场的产品。

二、产品创新的七个阶段

在实际的产品开发中，尽管根据企业的具体情况，产品创新开发流程会有所变动。许多研究人员也认为产品创新的七个阶段是新产品开发的基本流程。

1. 策略制定

在新产品开发项目启动之前，企业必须建立明确的目标。新产品开发流程第一阶段的目的是为新产品的研发提供指导，识别新产品应该满足的具有战略意义的商业需求。基本上，这些需求来源于企业的发展目标和策略。总体上企业可以采取的驱动新产品开发的策略分为两种，即被动策略（Reactive）和主动策略（Proactive）。被动策略是指为了应付市场上出现的某种新产品给企业造成的压力所采取的策略。主动策略是将资源用于开发市场上前所未有的产品。企业选择哪一种策略取决于发展机会、创新能力、市场规模、时间局限、竞争的强度状况及企业的生产和销售水平等因素。

2. 提出构想

对市场需求和企业策略做过分析后，产品开发的目标需要进一步具体化。为了抓住商机，企业必须提出新产品的构想。通常情况下，企业应从多个构想中选出最佳方案。根据相关机构的调查，平均100个构想中有15.2个会成为成功的开发对象。也就是说，平均每6.6个构想中会产生1个成功构想。

3. 构想筛选

构想筛选的目的是鉴别出最有潜力取得成功的构想。随着新产品开发流程中每一个阶段的陆续开展，开发成本将迅速增长。从企业的根本利益出发，只有那些成功率较大的构想才有继续开发的必要。

根据研究显示，在1982年，大量的项目是在开发阶段被淘汰，而1995年大部分构想在筛选和经济性分析阶段就被排除了。这样即使新产品开发的成功率没有上升,企业也可以在新产品开发流程中较早地淘汰掉那些无潜力的项目,避免时间和资本浪费在失败的项目开发上,大大提高了企业的资本利用率。

4. 经济性分析

新产品开发流程的经济性分析阶段主要对新产品的潜在销量、成本和利润估计等进行考察,评定这些因素是否满足企业的目标。管理层必须估计预期的销售额是否足够高,以获得理想的利润。项目经理要对预期成本和利润进行估计,要考虑到所有阶段和部门的费用(包括研发、市场营销和财政部门)、预期的开发成本、生产成本、营销和管理成本等。

5. 产品设计

产品设计的过程即是将产品构想转化为有形的实体的过程。产品设计过程可分为四个阶段:需求分析阶段、概念设计阶段、产品体系建立阶段和详细设计阶段。

(1)需求分析阶段

需求分析在新产品构想阶段已经开始,在概念设计阶段根据具体构想做出更加具体的用户需求分析。需求分析是整个产品生命周期设计的最前端过程,它是与企业的特定目标市场和目标用户紧密相连的。在该过程中,企业根据自己的目标市场,获取目标用户的需求信息,然后根据现有的产品设计知识对其进行分析整理,输出需求说明书,作为后续产品设计的指导。

(2)概念设计阶段

在概念设计阶段,新产品的构想和用户需求被转化为各项具体的指标,在此基础上产生多个产品概念,通常用草图或软模型对各概念方案进行描述表达。

(3)产品体系建立

通常可以从功能和实体两个方面来考察一个产品,产品的功能元素是对产品的整体性能做出贡献的独立的运行能力和传输能力。产品的实体元素是最终完成产品功能的零件、部件和子装配体。一个产品的实体元素经常被组合成几个大的构建单元,称之为组块。每个组块由实现产品功能的部件组成。产品体系是把产品各功能元素组织成实体组块的计划方案。

(4)详细设计阶段

优选得到的概念方案在详细设计阶段得以实现。此阶段最主要的工作是对购买要素、零部件制造、材料和生产工艺、产品组装等依据预定的规范和标准,将产品具体化。详细设计阶段的输出是一个较具体的产品原型。

6. 测试与评价

当最初的构想转化为有形的实体后,企业已经消耗了大量的时间和资金。测试与评价的目的是试验并改进新产品，以保证新产品达到用户最基本的满意度。这一阶段之所以非常重要在于它可能会大幅度降低产品推广的失败率。

因为它可以使一些可能引起推广失败的缺陷提前暴露出来。测试与评价的缺点是延迟了新产品投入市场的时间，从而给那些想要模仿或推出同类产品的竞争对手创造了机会。对新产品的测试与评价并不单单在这一个阶段，应该贯穿于整个新产品开发流程。

7. 产品的市场推广

新产品开发的最后一个阶段为产品的市场推广。在推广阶段，首先企业要把握新产品打入市场的时机。时机的选择很重要，企业需要考虑竞争对手、企业当前的产品生产线和新产品是否是季节性产品等因素。另外，还要考虑在哪里推出新产品效果最好。小规模的企业通常凭借新产品市场发布会的机会推出自己的新产品。这意味着产品只在某个区域或某个城市推出，而且一次只能在一个地方。大企业可以迅速地将新产品在多个地区甚至全国市场上推出。

第二节 产品创新的思路与途径

产品创新的过程是一系列的技术和经济决策的过程，需要全面确定整个产品的概念、外观、结构和功能，具有全面发展的战略意义。

成功的企业都十分注意产品创新设计的细节，以便制造出造价低而又功能好的产品。一项成功的产品设计应满足多方面的要求，包括市场和用户的要求，既有产品功能、质量和效益方面的要求，也有制造工艺的要求。如果一个产品的设计缺乏生产观点，那么生产时就将耗费大量费用来调整和更换设备、物料和劳动力。相反，好的产品创新设计，不仅仅表现为产品在功能上的优越性，而且产品便于制造，生产成本低，从而使产品的综合竞争力得以增强。

一、产品的定义

人们对产品概念的认识是一个不断发展的过程。人们最早认为产品就是商品本身，对产品的完全物化理解是从用户的角度来认识和理解产品，仅仅反映了用户对产品需求最表面和最初始的形态。营销界广泛认同的是产品三层结构，分为核心产品（使用价值或效益)、有形产品（包括质量、特点、式样、品牌、名称及包装）和附加产品（附加服务或利益）。产品三层次结构是基于生产者在产品价值和利益形成过程中的主体地位构建的，引导生产者和销售者根据用户的需要提供产品和服务。

二、产品创新的基本思路

产品的基本属性或产品构成的外在要素是考虑产品创新思路的基本出发点。

1. 产品的基本属性

各类工业产品都是具有一定物质功能，并由人赋予一定形态的制成品。任何一种产品都是一个由各种材料以一定的结构和形式组合起来、具有相应功能的系统。材料、结构、形态和功能是产品的基本属性。

材料既是产品结构的物质载体，另一方面又以其表面特征，例如色彩、肌理（纹理、光泽），作为产品的形式因素，作用于人的感官，发挥某些独特的功能。通过改变材料可以改变产品的功能和形态。

结构一般是指物质系统内部各组成要素之间的相互联系、相互作用的方式，或者说是各组成要素的有序组合方式和存在方式。产品的结构是有层次的，如零件、部件到产品。产品结构可分为内结构和外结构。改变结构可影响到产品的功能和形态。

形态是材料和结构的外在表现，是由一定的线条、形体、色彩所构成的，可以为人直接感知的整体。它可使人产生一定的认知和相应的情感体验，发挥其精神功能。由产品的外在形态可构成一定的产品语言，它可以不管产品的内在结构和实用功能如何，而独立地发挥它的认知功能和审美功能。改变形态可产生新的审美功能。

产品的使用功能（物质功能）是指，通过产品与人之间的物质和能量交换，直接满足人的某种物质需要，实现某种价值。改变功能可满足消费者的新的需要。

2. 产品构成的外在要素

从产品构成角度来看，上述产品的基本属性可分成内在要素和外在要素。材料和内在结构是构成产品的内在要素。产品的使用功能和形态则是构成产品的两个独立的外在要素，它分别反映了人对产品的两种不同需求，即物质的需求和精神的需求，是产品价值的体现。对产品消费者来说，主要关心的是产品的外在要素，通常把产品的形态称之为外（观）结构，由于外结构尚需由内结构支撑，是一个有机体，因而往往通称为结构。所以，从消费者角度出发，构成产品的要素是功能和结构，由此可将产品之间的异同归纳为：异构同功，同构异功，同构同功，异构异功。

由上述分析可以认为，改变产品的某一要素，就会形成与原产品的差异，而构成具有新意（功能的或外观的）的产品。

三、产品创新的主要途径

产品的创新的主要途径是改良性设计和开发性设计两大类。

改良性设计是对已知的或现成的原理和产品进行改进或重新组合，这种方法一般有可供参考的原型或可供借鉴的样品，经过进一步的创新思考，运用一定的创新技法，获得新的产品方案。事实上这是一个再创造的过程。

改良性设计在技术上的继承性大，制造工艺比较成熟，具有投资少、开发周期短、能较快适应市场变化的特点，效益非常明显，在产品创新中所占比重很大，也常常是引进、掌握先进技术的捷径。

开发性设计是指设计出的新产品具有明显的创新性，或者说，是指可称之为"发明"的创造活动。这类产品与现有产品往往是异功异构。开发性设计难度大，它需要人们能突破原有"心理定式"的消极影响，运用创造性思维，对产品进行超常的巧妙构思，并往往需依靠各学科科技人员的密切合作。开发性设计投资大、有风险、短期效益不明显，在产品创新设计中所占比例较小。但从长远观点来看，开发性设计则是人类社会和经济发展的原动力。例如，微电子技术和计算机技术的出现和发展，引发了一场新产业革命。站在这一技术开发前沿的企业，以其具有高附加值的新产品，获得了丰厚的利润。

开发性设计和改良性设计的区别在于，它需跳出传统思维和传统产品的框架，采用一些全新的观念和思路。开发性设计和改良性设计之间没有一条明显的界线。例如计算机是开发性设计的产物，但它的小型化——微型（个人）计算机及其在各个工业领域的应用，则是对新技术成果的再创造，可以认为是某种意义上的改良性设计。

第三节　产品创新成果转化

产品创新成果转化是实施创新驱动发展战略的重要任务，是加强科技与经济紧密结合的关键环节，对于推进结构性改革尤其是供给侧结构性改革、支撑经济转型升级和产业结构调整，促进大众创业、万众创新，打造经济发展新引擎具有重要意义。

一、创新成果转化的内涵

创新成果转化是指为提高生产力水平而对科学研究与技术开发所产生的具有实用价值的创新成果所进行的后续试验、开发、应用、推广直至形成新产品、新工艺、新材料,发展新产业等活动。

创新成果转化的概念可分为广义和狭义两种。广义的成果转化应当包括各类成果的应用、劳动者素质的提高、技能的加强、效率的增加等。因为科学技术是第一生产力,而生产力包括人、生产工具和劳动对象。因此科学技术这种潜在的生产力要转化为直接的生产力,最终是通过提高人的素质、改善生产工具和劳动对象来实现的。

狭义的科技成果转化实际上仅指技术成果的转化,即将具有创新性的技术成果从科研单位转移到生产部门,使新产品增加、工艺改进、效益提高,最终使经济得到进步。我们通常所说的科技成果转化大多指这种类型的转化,所讲的科技成果转化率就是指技术成果的应用数量与技术成果总数量的比。

二、转化途径

2016年1月,媒体报道,我国科技成果转化率不足30%,先进国家这一指标为60%至70%。全国政协委员、长江学者创新团队带头人祝连庆表示:"提高科技成果转化率,需要政府、高校和研发机构,以及企业三方同时发力,唯有如此才能研发出更适合实体经济发展的高科技成果,并进一步转化成高附加值的产品。"

促进创新成果转化、加速创新成果产业化,已经成为世界各国经济发展政策的新趋势。科技成果转化的途径,主要有直接和间接两种转化方式,并且这两种方式也并非泾渭分明,经常是相互包含的。

1. 直接转化

(1)科技人员自己创办企业;
(2)高校、科研机构与企业开展合作或合同研究;
(3)高校、研究机构与企业开展人才交流;
(4)高校、科研院所与企业通过网络平台沟通交流。

2. 间接转化

创新成果的间接转化主要是通过各类中介机构来开展的。机构类型和活动方式多种多样。在体制上,有官办的、民办的,也有官民合办的;在功能上,有大型多功能的机构(如既充当科技中介机构,又从事具体项目的开发等),也有小型单一功能的组织。

(1) 通过专门机构实施科技成果转化;
(2) 通过高校设立的科技成果转化机构实施转化;
(3) 通过科技咨询公司开展科技成果转化活动。

第四节　知识产权保护

在产品创新开发中,"知识产权(Intellectual Property)"指受法律保护的与新产品相关的想法、概念、名称、设计和工艺等。知识产权可能是公司最有价值的投资之一。

一、什么是知识产权?

与产品创新开发有关的知识产权主要有四种,如图2-1所示。

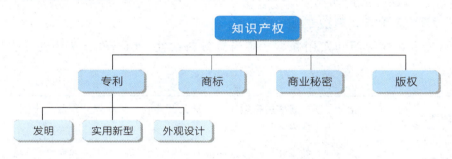

图2-1　知识产权分类

1. 专利

专利是指由政府机关或者代表若干国家的区域性组织根据申请而颁发的一种文件,这种文件记载了发明创造的内容,并且在一定时期内产生这样一种法律状态,即获得专利的发明创造在一般情况下他人只有经专利权人许可才能予以实施。

2. 商标

商标是商品的生产者、经营者在其生产、制造、加工、拣选或者经销的商品上,或者服务的提供者在其提供的服务上采用的,用于区别商品或服务来源的,具有显著特征的标志。商标包括文字、图形、字母、数字、三维标志、颜色组合和声音等,以及上述要素的组合。在产品创新开发中,商标通常是品牌或产品名称。

3. 商业秘密

按照《中华人民共和国反不正当竞争法》的规定，商业秘密是指不为公众所知悉、能为权利人带来经济利益，具有实用性并经权利人采取保密措施的技术信息和经营信息。因此商业秘密包括两部分：技术信息和经营信息。如管理方法、产销策略、客户名单、货源情报等经营信息；生产配方、工艺流程、技术诀窍、设计图纸等技术信息。最著名的商业秘密就是可口可乐饮料的配方。

4. 版权

版权即著作权，是指文学、艺术、科学作品的作者对其作品享有的权利（包括财产权、人身权）。它是由自然科学、社会科学以及文学、音乐、戏剧、绘画、雕塑、摄影、图片和电影摄影等方面的作品组成。

本章的焦点是专利。

二、专利概述

在我国，专利分为发明、实用新型和外观设计三种类型。

1. 发明专利和实用新型专利

授予专利权的发明和实用新型，应当具备新颖性、创造性、实用性、非显而易见性。

新颖性	指该发明或者实用新型还没有被公开知晓，是在现有产品、出版物或先前专利中未见的发明
创造性	指与现有技术相比，该发明或者实用新型具有突出的实质性特点和显著的进步
实用性	指该发明或者实用新型能够被制造或者使用，并且能够产生积极效果
非显而易见性	指专利发明必须明显不同于习知技艺。所以，获得专利的发明必须是在既有技术或知识上有显著的进步，而不能只是已知技术或知识的显而易见的改良

2. 外观设计专利

外观设计与发明、实用新型有着明显的区别，外观设计注重的是设计人对一项产品的外观所作出的富于艺术性、具有美感的创造，但这种具有艺术性的创造，不是单纯的工艺品，它必须具有能够为产业上所应用的实用性。

例如一把雨伞，如果它的形状、图案、色彩相当美观，那么应申请外观设计专利；

如果雨伞的伞柄、伞骨、伞头结构设计精简合理，可以节省材料，又有耐用的功能，那么应申请实用新型专利。

三、专利保护流程

知识产权保护，在政府层次是指政府进行知识产权立法、确权、审查授权、防止侵权和打击侵权等执法的全过程；在企事业层次是指权利人根据相关法律法规防止自己的知识产权被侵权，以及被侵权后采用行政或司法手段进行维权和获取经济补偿等行为。例如，保护专利权，首先要明确专利的权属，其次要对专利申请进行审查和授权，最后是防止侵权和打击侵权。

专利申请流程如图2-1所示。申请专利前需要进行相应的专利检索，确保无雷同的专利，一般专利检索选用中国国家知识产权局专利检索。准备的申请文件应当包括发明专利请求书、说明书（说明书有附图的，应当提交说明书附图）、权利要求书、摘要（必要时应当有摘要附图）。将申请文件直接提交或寄交设在地方的国家知识产权局专利局代办处，并按规定缴纳费用。依据专利法，发明专利申请的审批程序包括受理、初步审查、公布、实质审查以及授权五个阶段，实用新型或者外观设计专利申请在审批中不进行公布和实质审查，只有受理、初步审查和授权三个阶段。发明专利保护时间为20年（自申请日起）；实用新型专利和外观设计专利保护时间为10年（自申请日起）。因此，申请日、公开日和授权公告日是专利申请的重点时间节点。目前，国家知识产权局已经开通了中国专利电子申请网 http://cponline.sipo.gov.cn，可进行专利电子申请，丰富了专利申请途径。

图2-1 专利申请流程图

四、知识产权的运用

总之，知识产权能够帮助确定和保护品牌，对于企业而言，全方位的知识产权保护策略已经成为重要的战略组成部分。创业企业从一开始就要树立知识产权保护的意识。

一方面，创业企业要学会利用功能性专利保护技术创新，利用外观设计专利保护产品的风格创新，利用版权、商标等保护产品的颜色、包装和整体形象等主要特征，这些知识产权保护的内容共同定义和区别产品的品牌标识；另一方面，创业企业要注意不要侵犯到其他企业或个人的知识产权，一旦掉以轻心，则可能在企业的经营过程中埋下造成灾难性后果的"地雷"。

最后，知识产权归根结底本质是财产，财产只有加以运用，才能产生经济效益和社会价值，知识产权的运用主体是知识产权权利人。运用的内容包括知识产权的实施和经营，如专利技术的产业化、转让、许可使用、抵押贷款等；还包括企业运用知识产权作为竞争工具，构筑专利网，例如有些企业申请专利的目的是阻止他人使用这些技术，或者为了以此换取他人的技术等。运用知识产权的模式和方法也随着企业的发展而不断改进。

思考与训练

1. 简述新产品开发的流程。
2. 王明同学获得了小蓝辅助学习机器人装置的发明专利，但是他不知道如何运用，请你给出建议。

参考文献

[1]庄文韬.创新创业实用教程[M].厦门:厦门大学出版社,2017.
[2]刘磊.大学生创新创业基础[M].北京:中国水利水电出版社,2015.
[3]罗琴,李江,李鹏.大学生创新创业基础[M].镇江:江苏大学出版社,2017.
[4]薛永基.大学生创新创业教程[M].北京:北京理工大学出版社,2015.
[5]黄远征,陈劲,张有明.创新与创业基础教程[M].北京:清华大学出版社,2017.
[6]孙洪义.创新创业基础[M].北京:机械工业出版社,2016.

第三章 创业领袖与创业团队

视频3
扫二维码 看课程视频

学习目标

- 了解创业者应具备的能力素质。
- 掌握创业者能力与素质提升的途径。
- 了解创业团队的类型。
- 掌握组建创业团队的方法。
- 掌握创业团队股权结构的设计方法。
- 了解创业企业的社会责任。

知识导图

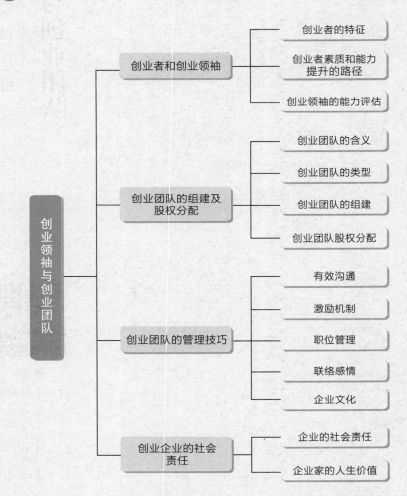

案例导入

马化腾五兄弟的创业故事

这是一个难得的兄弟创业故事，其理性堪称范本。

1998年前的那个秋天，马化腾与他的同学张志东"合资"注册了深圳腾讯计算机系统有限公司。之后又吸纳了三位股东：曾李青、许晨晔、陈一丹。这五个创始人的QQ号，据说分别是10001、10002、10003、10004和10005。为避免彼此争夺权力，马化腾在创立腾讯之初就和四个伙伴约定清楚：各展所长、各管一摊。马化腾是CEO（首席执行官），张志东是CTO（首席技术官），曾李青是COO（首席运营官），许晨晔是CIO（首席信息官），陈一丹是CAO（首席行政官）。

之所以将腾讯的创业五兄弟称之为"难得"，是因为直到2005年的时候，这五人的创始团队还基本是保持这样的合作阵形，不离不弃。

都说一山不容二虎，尤其是在企业迅速壮大的过程中，要保持创始人团队的稳定合作尤其不容易。在这个合作局面背后，工程师出身的马化腾一开始对于合作框架的理性设计功不可没。

从股份构成上来看，五个人一共凑了50万元，其中马化腾出了23.75万元，占了47.5%的股份；张志东出了10万元，占20%；曾李青出了6.25万元，占12.5%的股份；其他两人各出5万元，各占10%的股份。

马化腾说："要他们的总和比我多一点点，不要形成一种垄断、独裁的局面。"而同时，他自己又一定要出主要的资金，占大股。他也说："如果没有一个主心骨，股份大家平分，到时候肯定会出问题，同样完蛋。"

保持稳定的另一个关键因素，就在于搭档之间的"合理组合"。

据《中国互联网史》作者林军回忆说，马化腾非常聪明，但非常固执，注重用户体验，愿意从普通用户的角度去看产品。张志东是脑袋非常活跃，对技术很沉迷的一个人。马化腾技术上也非常好，但是他的长处是能够把很多事情简单化，而张志东更多地是把一个事情做得很完美。

许晨晔和马化腾、张志东同为深圳大学计算机系的学生，他是一个非常随和、有自己的观点，但不轻易表达的人，是有名的"好好先生"。而陈一丹是马化腾在深圳中学时的同学，后来也就读深圳大学，他十分严谨，又是一个非常张扬的人，他能在不同的状态下激起大家的激情。

如果说，其他几位合作者都只是"搭档级人物"的话，曾李青则是腾讯五个创始人中最开放、最具激情和感召力的一个,与温和的马化腾、爱好技术的张志东相比,曾李青大开大合的性格,比马化腾更具备攻击性,更像拿主意的人。不过或许正是这一点,也导致他最早脱离了团队,单独创业。

后来,马化腾在接受多家媒体的联合采访时承认,他最开始也考虑过和张志东、曾李青三个人均分股份的方法,但最后还是采取了五人创业团队,根据分工占据不同的股份结构的策略。后来有人想加钱、占更大的股份,马化腾说不行。他说:"根据我对你能力的判断,你不适合拿更多的股份。"因为在马化腾看来,未来的潜力要和应有的股份匹配,不匹配就要出问题。如果拿大股的不干事,干事的股份又少,矛盾就会发生。

当然,经过几次稀释,最后他们上市所持有的股份比例只有当初的1/3,但即便是这样,他们每个人的身价都不菲。这是一个皆大欢喜的结局。

可以说,在中国的民营企业中,能够像马化腾这样,既包容又分享,选择性格不同、各有特长的人组成一个创业团队,并在成功开拓局面后还能保持着长期默契的合作,是很少见的。而马化腾的成功之处,就在于其从一开始就很好地设计了创业团队的责、权、利。能力越大,责任越大;权力越大,收益也就越大。

第一节 创业者和创业领袖

一、创业者的特征

创业活动是由创业者主导和组织的商业冒险活动,要成功创业,不仅需要创业者富有开拓创新的激情和冒险精神、面对挫折和失败的坚韧等品质素养,还需要具备处理创业活动中各种问题的知识和能力。成功创业者的特征如表3-1所示。

表3-1 创业者的特征

创业者的特征		主要内容
心理特征	成就需要	创业者希望其创业成功,某种程度上不是为了获得社会的承认,而是为了达到个体自我实现需要的满足。创业者希望承担决策的个人责任,喜爱具有一定风险的决策,对决策结果感兴趣,不喜欢单调、重复性的工作

（续）

创业者的特征		主要内容
心理特征	自信	创业者对自我实现创业成功的坚定信仰，是对自我的信念和敢于全力担当的内心动力
	开放的心态	开放的心态可以使创业者发现更多的创业机会，能够认识到自己的局限性和改进的必要性，意志坚定但不僵化、不拒绝改变
	创业精神	是创业团队集体的精神状态和对事业所持的态度。创业者要发扬创业精神，没有创业精神的创业不能称为创业，更不会成功
行为特征	独立性	创业者思想上具有独立性，承认专家权威的存在，但不盲目听从他们的建议，而是要用自己的头脑去思考他们所提出的建议是否可用。这种思想的独立是创业者的基本素质之一
	创造性	在市场竞争中，创业者要善于独辟蹊径，无论在产品生产、包装盒设计上，还是在销售方式、售后服务等方面都要有创造性，凸显竞争力
	进攻性	创业者勇于尝试、主动出击、充分发挥自己的主观能动性，从而发现并抓住创业机会，从而踏上成功之路
	坚韧不拔	创业者在面临挫折和失败时，能够靠坚韧不拔的精神去克服困难，凭借顽强的毅力去承受失败的打击
能力特征	领导能力	引导团队成员去实现目标的过程，将激励企业成员跟随领导者去要去的地方，不是简单的服从
	专业技能	企业管理中的专业技能指对某一具体业务规范的驾驭和把握的技巧与能力，专业技能可以看作企业经营与管理中和管理技能、领导技能并列对应的一个概念
	自我管理	指个体对自己的目标、思想、心理和行为等表现进行的管理，自己把自己组织起来、自己约束自己、自己激励自己、自己管理自己
	创新能力	创新能力是运用知识和理论，在科学、艺术、技术和各种实践活动领域中不断提供具有经济价值、社会价值、生态价值的新思想、新理论、新方法和新发明的能力
	谈判能力	谈判能力是指谈判人员所具备的更好地完成谈判工作的特殊能力，包括思维能力、观察能力、反应能力和表达能力
	管理能力	从根本上说就是提高组织效率的能力。创业者若要准确地把握组织的效率，需具备下列三种管理能力：全面而准确地制定效率标准的能力、对工作水平与标准之间的差距的敏锐洞察能力、纠正偏差的能力

(续)

创业者的特征		主要内容
能力特征	预见判断能力	预见判断能力就是指创业者根据事物的发展特点、方向、趋势所进行的预测、推理的一种思维能力,是通过敏锐分析,评估面临的情况和情景,迅速做出准确结论的能力
	应变协调能力	应变协调能力是指创业者在企业的内部管理和对外经营中遇到突发事件时,能够通过积极的沟通和协调,使事件得到有效的解决或按照创业者期望的方向发展的能力

二、创业者素质和能力提升的路径

大学生创业实践成功的关键是以创业素质和创业能力作为支撑。事实上,很多人并不具备创业所必需的素质和能力,但可以通过学习和实践得到培养提高,克服自身的弱点,将其转变为优势。

1. 在学习专业知识和岗位技能中提升创业素质和能力

通过专业知识的学习,选修企业经营、企业管理等相关课程,培养自己的创业意识,学习创业技能。走向工作岗位后还应该了解企业的管理和销售等知识,注意培养自己的创业素质和能力。

2. 在实践锻炼中培养创业素质和能力

事物是多种多样、变化无常的,客观情况也是复杂多变的,创业者必须重视实践活动,积极参加校内各种活动和校外社会实践,并在实践中积累经验,培养自己分析、判断、决策、交流、组织和指挥等创业素质和能力。大学生在校期间可以参加创业大赛或在学校孵化基地创业,可以低成本地积累实践经验,降低创业风险,提高未来创业成功率。

3. 在学习工作习惯中提升创业素养和能力

在具体的学习工作中养成良好的严于律己的习惯,磨炼意志,积极参加体育活动,培养健康的体魄和坚韧的意志品质。

三、创业领袖的能力评估

管理学界有句名言:一只狼领导的一群羊能打败一只羊领导的一群狼。这句话说明了领导者的重要性。创业团队领袖是创业团队的灵魂,是团队力量的协调者和整合者。

（一）创业领袖角色与行为策略

1. 创业领袖的角色扮演

美国企业管理之神杰克·韦尔奇（Jack Welch）告诉我们："优秀的领导者应当像教练一样，培育自己的员工，带领自己的团队，给他们提供机会去实现自己的梦想"。

创业团队的领袖扮演了指导者、促进者、交易者、生产者及风险承担者的角色。首先要在对创业动机、目标和前景进行认真的评估后，才能得出是否需要组建团队的结论。如果确定要组建一个团队后，创业领袖就要进一步考虑需要组建什么样的团队以期获得创业成功所必备的条件和资源。

创业领袖需要有胸怀和魅力，能将团队利益放在第一位，能与真正有贡献的人分享财富、互相信任，并给予团队成员适当的权责，使他们成为能完成任务的英雄。创业领袖还需要妥善处理各种权利和利益关系，了解团队成员的需求，识别并尊重团队成员之间的差异，制定合理的团队管理规则，并使所有指标尽可能地量化。

2. 创业领袖的行为策略

（1）设立明确的团队发展目标

目标在团队组建过程中具有特殊的价值，是一种有效的激励因素——共同的未来目标是创业领袖带领创业团队克服困难、取得胜利的动力。也只有目标一致，创业领袖和团队成员才能齐心协力取得最终的成功。

（2）合理挑选、使用人才

创业领袖的认知水平、创业技能、创业能力和思想意识从根本上决定了选择由哪些成员组成团队。创业领袖挑选团队成员时要考虑的是团队成员是否可以弥补自身知识、技能、能力与创业目标之间存在的差距。根据团队的需要，选择拥有什么专长、具有什么社会关系网、拥有何种实际工作能力的团队成员。团队成员各司其职、各展所长，让团队欣欣向荣。

（3）建立责、权、利统一的团队管理机制

一个成功的企业必须制定井然有序的组织策略和管理机制。一方面，创业领袖要妥善处理创业团队内部的权力关系：在企业运行过程中，团队要确定谁适合从事何种关键任务和谁对关键任务承担什么责任，以使权力和责任明晰化；另一方面，创业领袖还要妥善处理好创业团队内部的利益关系：企业的报酬体系，不仅包括如股权、工资及奖金等方面，还包括个人成长机会和相关技能培训等方面。

（二）创业领袖的素质和能力

1. 领导力。创业领袖的领导力对创业团队的管理具有核心作用。领导者要恰当地运用权力因素与非权力因素树立权威，使组织成员凝聚在自己周围。

2. 学习和自我管理能力。领导者既要加强学习、提高素质，又要树立良好形象、加强管理。要注重严于律己，以身作则，以领导者的个人魅力带动、影响、促进团队成员进步、改进工作方法，为实现团队共同目标而努力奋斗。

3. 心态平和，不急功近利。遇到阻碍不灰心，取得成绩不沾沾自喜，一步一步接近自己的目标，始终保持良好的心态。这是领导者魅力的核心部分，因为一个领导者遇到的困难要比任何一个下属遇到的都要多、都要严重。

4. 有明确的愿景，善于用人，对下属恩威并用。好的创业领袖能够树立企业愿景目标，对团队的目标坚定不移，信心坚定。对每一个团队成员都有恩情，但对他们从来都是赏罚分明。

5. 人脉关系是领导者至关重要的资源，充分利用这个资源，有利于团队目标的实现。

第二节　创业团队的组建及股权分配

一、创业团队的含义

现代企业，需要的是少走从前的弯路，从一开始就走规范化的管理道路。因此，创业者在注册公司时，就应该组建创业团队。创业团队，是指为了创业的目的，或者创业过程中某一阶段的目标而组建的一个相互协作、有稳定组织结构的群体，团队成员共享创业利益、共担创业风险。创业团队是一个特殊的群体，团队成员应达成一致的目标，相互负责，做到资源和能力互补。团队的工作绩效应远超个体独立工作绩效之和。

二、创业团队的类型

创业团队大体上可以分为三种，这三种团队分别称为星状创业团队、网状创业团队和虚拟星状创业团队。创业者可根据项目发展的需求选择合适的团队类型。创业团队的类型见表3-2。

表 3-2　创业团队的类型

类型	概念	优点	缺点
星状	有一个核心主导人物，充当了领军人的角色	决策程序简单，效率较高； 组织结构紧密，稳定性较好	容易形成权力过分集中的局面； 当成员和主导人物冲突严重时，往往选择离开
网状	由志趣相投的伙伴组成，认可某一创业想法，共同进行创业	成员的地位较平等，有利于沟通和交流； 成员关系较密切，较容易达成共识； 成员不会轻易离开	结构较为松散； 决策效率相对较低； 容易导致整个团队的涣散； 容易形成多头领导的局面
虚拟星状	有一个核心成员，但是核心成员地位的确立是团队成员协商的结果	核心成员具有一定威信； 既不过度集权，又不过于分散	核心人物的行为必须充分考虑其他成员的意见，不像星状创业团队中的核心主导人物那样有权威

三、创业团队的组建

组建创业团队共同创业的好处之一是分散创业失败的风险和压力，通过团队成员之间的资源整合和技能互补，可以提高应对创业中不确定因素的能力，还可以在创业资金等资源的获得方面拥有更多的机会，提高创业的成功率。

（一）创业团队组建的程序

创业团队的组建是一个复杂的过程，不同类型的创业团队，创建步骤也不尽相同。

1. 招募合适的人员

创业目标是团队之所以存在的客观原因，是团队凝聚力的源泉，也是衡量团队是否成功的关键。创业团队的目标就是要通过完成创业阶段的技术、市场、规划、组织、管理等各项工作，实现企业的从无到有、从起步到成熟，围绕创业目标，招募合适人员。

招募合适的人员也是创业团队组建最关键的一步。创业团队成员的招募，主要应考虑两个方面：一是考虑互补性，即考虑其能否与其他成员在能力或技术上形成互补。这种互补性的形成既有助于强化团队成员之间彼此的合作，又能保证整个团队的战斗力,更好地发挥团队的作用。一般而言,创业团队至少需要管理、技术和营销三个方面的人才。只有这三个方面的人才形成良好的沟通协作关系后,创业团队才可能实现稳定高效。二是考虑适度规模,适度的团队规模是保证团队高效运转的重要条件。团队成员太少则无法实现团队的功能和优势,而过多又可能会产生交流的障碍,团队很可能会分裂成许多较小的团体,进而大大削弱团队的凝聚力。团队中每个成员都有自己的个性,所以团队成员加入的目的,团队成员的知识结构,团队成员的个性、兴趣及团队成员的价值观念都是招募人员时应注意的。

2. 划分职责和权限

明确成员在团队中担任的职务和承担的责任,是对团队成员进行角色分配时必须考虑的问题。创业团队的职权划分就是根据执行创业计划的需要,具体确定每个团队成员所要承担的职责和相应地所享有的权限。团队成员间职权的划分必须明确,既要避免职权的重叠和交叉,也要避免因无人承担而造成工作上的疏漏。此外,由于企业还处于创业过程中,面临的创业环境又是动态复杂的,不断会出现新的问题,团队成员可能不断出现更换,因此创业团队成员的职权也应根据需要不断地进行调整。

3. 构建团队制度体系

创业团队制度体系是一种对团队成员的有效激励和控制体系,通过设定奖罚机制,使团队成员意识到并看到企业及团队的成功是个人成功的重要保障,同时个人的努力和协作也是团队实现目标的重要支撑。良好的企业制度能充分调动成员的积极性、最大限度发挥团队成员的作用。通常创业团队的制度体系应以规范化的书面形式确定并得到一致认同。

4. 建立内部融和机制

创业团队在创业过程中,不可避免地会存在意见分歧,甚至是矛盾。创业团队建立内部融和机制,就是要及时发现问题和处理问题。因此,有效的沟通与协调、开放的交流、团队领导者的调解等融和机制对于创业团队来说是非常重要的。在团队组建过程中的多个步骤都会涉及内部融合机制。

(二)创业团队组建的影响因素

在把握互补性和相似性原则的基础上,创业团队的组建还会受多种因素的影响,这些因素相互作用,共同影响着组建过程,并进一步影响着团队建成后的运行效率。创业团队组建的主要影响因素见表3-3。

表 3-3　创业团队组建的主要影响因素

影响因素	说明
核心创业者	核心创业者的态度、意识和能力影响组建创业团队的人员和时间。核心创业者之所以需要组建创业团队，多是因为考虑通过组建团队弥补自身能力与创业目标之间存在的差距，进而会影响到创业团队什么时候需要引进什么样的人员
商机与项目	不同类型的商机或者创业项目需要不同类型的创业团队，进而会影响到创业团队的组建及其实施过程
目标与价值观	组建创业团队的前提是统一的目标和价值观。团队成员必须全心全意为此目标的实现而与其他团队成员相互合作、共同奋斗
团队成员	团队成员的能力的总和决定了创业团队的整体能力和发展潜力。通常情况下，才能互补是组建创业团队的必要条件。而团队成员间的以互信、合作为基础的心理、关系"契约"是团队具有持续生命力的关键
外部环境	基础设施服务、制度、政策、经济、社会、市场、资源等多种外部要素对创业团队生存和发展影响巨大

四、创业团队股权分配

（一）股权结构的类型

在创业企业中，由于股东的种类以及持股比例不同，从而导致不同的股权结构，概括起来，主要有以下三种类型。

1. 高度集中型股权结构

在这种股权结构下，绝大多数股票掌握在少数股东手中，尤其是第一大股东，往往持股数目非常大，占有绝对控股地位，掌握着公司的控股权。相对于这些大股东，其他股东只占有公司少量的股票，在企业的经营决策、利润分配等方面都受制于大股东。在创业企业中，这种股权结构占多数。

2. 适度分散型股权结构

这种股权结构下，既有一定的股权集中度，又有若干大股东的存在，主要是机构法人互相持股，控股者也多为法人股东。这种股权结构能够促使股东适度、有效地行使最终控制权，既不忽视权力，又不滥用权力，从而有效地解决委托—代理关系下效率损失的问题。这是一种较为合理的股权结构。

3. 过度分散性股权结构

在这种股权结构下，有相当数量的股东持有相当数量的股票，不存在大股东，股权高度分散，股东之间容易出现互相推诿、搭便车的现象，这就容易造成公司的控制权实际上掌握在经营者手中，即所谓的内部人控制的现象。

（二）股权结构的设计原则

1. 人力资本所有者与投资人共同分享利润

对于高科技企业而言，技术和资本的完整结合是完成产品研发和企业发展的必要条件，因此，企业获得的利润是人力资本所有者和投资人共同的贡献，人力资本所有者和投资人共同分享利润是合理的。两者之间的分配比率最终由其反复博弈后而定。

2. 采用期权制度

因为创业企业在研发新产品、销售产品的过程中不仅要产生现金利润，同时还要产生无形资产，因此，人力资本所有者和投资人按比例分享企业的无形资产是合理的。但是与现金利润不同的是，无形资产往往是和企业的发展联系在一起的，以企业为载体，难以分割。只有企业的股东才有权利享受企业的无形资产。因此，要想让人力资本所有者能像投资人一样享受企业的无形资产，就要想办法让人力资本所有者变成企业的股东。其中，比较有效的方法就是期权制度，也就是说，人力资本所有者首先得到的就是分红权和在一定时间内按照原始价格收购一定比例股权的承诺。技术人员分到红利以后，从投资人手中收购部分股权，成为投资股东，再按原定比例与投资人一起分享企业的所有利润。

3. 遵循股权动态变化的原则

对于创业企业而言，他们是在不断发展的，这就需要不断地为企业输入新鲜血液，不管是人力资本还是非人力资本，对于新加入的投资人和人力资本所有者，他们也要参加到企业的股权分配中去，这就要求企业的股权比例呈现动态变化。

第三节　创业团队的管理技巧

创业团队对于创业成功具有重要的意义，但并非所有的团队都能够获得成功，因此，创业团队的管理非常重要。由于创业团队本身的动态性特征，团队管理就是贯穿于创业团队的整个生命周期的工作。团队管理是一门艺术，要针对具体的情况来灵活进行，但是也有一些普遍性的原则可以利用。

一、有效沟通

沟通是有效管理团队的重要内容之一。没有沟通，团队就无法运转。沟通使信息保持畅通，实现信息共享，避免因为信息缺失而出现错误的决策与行为。沟通也可以化解矛盾，增强团队成员彼此之间的信任。沟通还可以有效解决认知性冲突，提高团队决策的质量，促进决策方案的执行。

（一）团队知识和信息的有效沟通

知识和信息是团队有效运作的基础。团队成员只有掌握了必需的知识和团队内外的信息后，才能充分挖掘自己的潜力，发挥自己的聪明才智。团队知识和信息沟通主要有正式沟通与非正式沟通两种。

正式沟通，是通过定期举行的团队会议和报告制度来传递信息和知识，具有准确性、可靠性和可保存性等优点，这也是团队沟通的主要方式。当然，正式沟通也有缺陷，主要是速度比较慢，不利的信息传递不到团队的上层。

非正式沟通，是建立在人际关系基础上，通过谈话聊天等方式进行，传递速度比较快且更具有主动性，但可靠性、准确性差。

总之，团队知识和信息的有效沟通既要依赖一种畅通的正式沟通渠道，又要依赖一种合理的非正式沟通渠道，两者缺一不可。

（二）解决背景、文化差异带来的沟通障碍

背景文化差异是团队管理中需要认真对待的问题，团队成员来自五湖四海，具有不同的文化背景、风俗习惯、宗教信仰等，不可避免地会导致对信息理解上的偏差，甚至误解。为此，首先通过文化敏感性培训，让团队成员彼此了解他人的语言风格和文化背景，排除沟通上的障碍；其次，采用多种沟通方式，如文件传达和谈话交叉运用；再次，尽量通过标准化解决问题，如语言要规范，文件要正式。

（三）提高团队决策质量

在企业经营管理过程中，团队成员对有关问题会形成不一致的意见，这种论事不论人的分歧称为认知性冲突。优秀的团队并不回避不同的意见，而是进行充分的沟通和交流，鼓励创造性的思维，提高团队决策质量。这也有助于推动成员对决策方案的

理解和执行，提高组织绩效。作为领导者，要积极倾听团队成员的心声，发生冲突时，做到真正地对事不对人。作为团队成员，要积极主动地与领导者沟通，理解领导者的工作。同时，团队成员之间应该经常进行交流，最大限度地实现知识和信息共享，只有所有团队成员之间的沟通都顺利进行，团队才会更加团结，才会更有战斗力。

二、激励机制

激励是团队管理中极为重要的内容，直接关系到创业企业的存亡。在构建激励机制时，应考虑差异原则、绩效原则和灵活原则，最终目的是通过合理的报酬，让团队成员产生一种公平感，激发和促进创业团队的积极性，实现对创业团队的有效激励。可以考虑从以下几个方面构建适应团队的激励机制。

1．物质激励。除了高薪和高福利外，还可以通过股票期权、股票授予等方式，从而把传统的以报酬为代表的短期经济激励和以期权为代表的长期经济激励结合起来，体现人力资源的价值。

2．提供适当的学习机会。给员工提供专门技能的培训和学习，为员工将来做打算，也是一种很好的激励手段。

3．工作设计。通过工作扩大化、工作丰富化提供富有挑战性的工作，使成员体会到工作的意义。

4．目标激励。设置适当的目标，引导个人目标与其相符，从而调动人的积极性。

5．容许失败的激励。团队鼓励创新，创新过程中必然伴随着失败，所以，容许失败，本身也是一种激励。

三、职位管理

随着新企业的发展，创业团队领袖要注重权力和地位的激励机制，将创业成员的工作成效和职业生涯发展、地位提升有效地结合起来，建立并维护好创业团队的运作原则，使团队成员可以共享领导角色，在各自的领域中发挥领导作用。构建一支优秀、稳定的团队，关键之一是给个人提供广阔的发展空间。因此，在团队管理方面，最重要的一项职责就是要保证团队中的每一名成员都得到发展。这样才能使成员对工作满意，激发工作热情，创造更多的价值。

四、联络感情

联络团队感情可以保持团队的士气和热情，控制情感性冲突，从而提高团队绩效。

没有人喜欢在冷漠、生硬、敌对的团队中工作。一要尊重每个人，相互了解并体谅他人的难处。二要抽时间共处，这可以通过组织团队活动来实现。通过组织活动来联络团队感情，一定要注意适度，太多的联络活动可能会让人们疲于应付，也让团队不堪重负。感情联络活动还要讲究策略，尽可能地让更多的人积极参与，获得大家的满意和认可。这样才能起到提高团队绩效的作用。

五、企业文化

企业文化是指企业在创业及成长过程中逐渐形成的，为创业团队成员所接受、传播和遵从的基本信念、共同价值观、行为准则和角色定位等的总称。创业初期的企业存在着机构不健全、制度不完善等问题，此时的企业文化体现着一种"软"约束。通过企业文化，员工知道什么可以做，什么不可以做，哪些活动将受到瞩目和奖励，哪种类型的人才将得到重用。创业企业文化使员工产生心理认同并逐步内化为自觉行动和自我约束，从而真正地规范约束自己的行为。同时，在资源匮乏、条件艰苦的创业环境下，通过共享价值观、信念及利益追求，创业企业文化将创业团队及全体员工凝聚在一起，增强了企业的内聚力。

第四节　创业企业的社会责任

大部分创业者都认为，创业的根本目的就是创办一家企业并实现盈利。那么企业创办成功以后，如果运营良好，甚至不断扩大规模，赢利的目的就达到了，企业的使命就算完成了吗？一家企业有没有应尽的社会责任？一个企业家的职业追求是什么？或许能冷静下来深思这些问题的创办者不多，但这些问题无论对一家企业来说，还是对一个企业家来说，都具有重要意义。因为，弄清楚企业的社会责任和企业家的人生价值，就像为大海里航海的轮船寻找航向，能够帮助企业和企业家确定发展前进的正确方向。

一、企业的社会责任

企业不断创造价值，为社会提供产品和服务，这是其最为基本的社会功能。同时，企业本身又作为社会的组成部分，发挥着维护社会秩序的角色，承担一定的社会责任。创业企业自身需要不断解决初创、成长、成熟以及可持续发展等问题，通过为社会提供价值换取利润回报,维持其与社会的交换与平衡。企业与社会之间是一种共荣关系。没有利润的驱动,企业无法生存。但是,企业如果只把追求利益作为唯一的发展目标,终究要成为社会的对立面,不能与社会共生共荣。因此,企业还应该承担起相应的社会责任。

(一)企业社会责任的内涵

企业社会责任是指企业在其商业运作里对其利益相关者应负的责任。企业社会责任的概念是基于商业运作必须符合可持续发展的想法,企业除了考虑自身的财政和经营状况外,也要加入其对社会和自身环境所造成的影响的考量。这里的利益相关者是指所有可以影响或会被企业的决策和行动所影响的个体或群体,包括员工、顾客、供应商、社区团体、母公司或附属公司、合作伙伴、投资者和股东等。有的人认为:"企业在照章纳税之后,就算完成了企业对社会的责任,就没有必要再去承担其他社会义务。企业如果承担太多的社会责任,这类企业肯定长不大,成不了大气候"。这种说法是错误的。要知道,企业社会责任是企业面向可持续发展的重要途径,它符合社会整体对企业的合理期望,不但不会分散企业的精力,反而能够提高企业的竞争力和声誉。

(二)企业社会责任的内容

早在1999年瑞士达沃斯世界经济论坛上,联合国秘书长安南就提出"全球契约"并于2000年7月在联合国总部正式启动。"联合国全球契约"号召公司遵守在人权、劳工标准、环境和反腐败领域的十项基本原则,其内容是:

1. 企业应该尊重和维护国际公认的各项人权
2. 绝不参与任何漠视与践踏人权的行为
3. 企业应该维护结社自由,并承认劳资集体谈判的权利
4. 彻底消除各种形式的强迫劳动
5. 有效废除童工制
6. 杜绝任何在用工与行业方面的歧视行为
7. 企业应对环境挑战未雨绸缪
8. 主动增加对环保所承担的责任
9. 鼓励无害环境技术的发展与推广
10. 企业应反对各种形式的贪污,包括勒索和行贿受贿

美国学者戴维斯(Davies)认为,企业的社会责任包括十个方面:

❶ 对股东,要维持证券价格的上升;保证股息的分配数量和分配时间。

❷ 对职工,要维持适当的收入水平;工作的稳定性;良好的工作环境;业务提升

的机会。

❸ 对政府，要支持政府的号召和政策；遵守法律和规定。

❹ 对供应者，应保证付款的时间。

❺ 对债权人，要遵守合同条款；保持较高的信赖程度。

❻ 对消费者或代理商，应保证商品的价值，及产品价格与质量、性能和服务的关系；保证产品或服务的便利性。

❼ 对所处的社区，要对环境保护有所贡献；对社会发展有所贡献，包括税收、捐献、直接参加社会建设；对解决社会问题也要有所贡献。

❽ 对贸易和行业协会，要积极参加活动；对各种活动提供支持。

❾ 对竞争者，应进行公平的竞争；保持企业产出的增长速度；通过在产品、技术和服务上创新进行竞争。

❿ 对特殊利益集团，要提供平等的就业机会；提供对城市建设的支持；对残疾人、儿童和妇女组织应有所贡献。

二、企业家的人生价值

尽管企业追求利润最大化是合情合理的，然而企业家的人生价值绝不是追求财富的最大化。很多企业家到最后才发现，追求财富只是实现人生价值的手段，绝不是人生的目标。那么，企业家的人生价值何在？

企业家作为一种职业，有其自身的职业使命，那就是要创造财富和价值。企业家作为一个社会成员，作为一个普通人，有其个人的人生价值，应追求职业幸福感与人生幸福感的统一。企业家在实现职业成功的同时，还应该过一个完整的人生，追求健康的身体、美满的家庭，以及良好的人际关系。此外，企业家的人生价值更应该体现在对国家、社会、他人，甚至对全人类的付出和贡献上。世人所尊崇的微软创始人比尔·盖茨对此做出了很好的诠释。

案例分享 3-1

身边的创业者
携程四君子——梁建章、季琦、沈南鹏和范敏

被称为"携程四君子"的梁建章、季琦、沈南鹏和范敏，是中国优秀合伙人的典范，他们优势互补，有的懂技术、有的懂财务、有的懂运营、还有的懂资本运作。他们携手，短短四年将携程打造成为中国OTA（在线旅行社）领域的第一家上市公司。

对于创业者来说，携程的创业史是一部生动的教程，有诸多值得学习和借鉴的地方。

（1）找合伙人——来自同事校友，团队技能互补

季琦和梁建章由于工作关系成了好朋友，经常在一起聊刚刚兴起的互联网。聊着聊着，两人有了一起弄个旅游网站的想法。当然了，要成就一番大业，只有他俩是不够的。两人有个共识——应该再找个能去融资的人。这时候，他俩注意到了沈南鹏。沈南鹏当时在投资界混得蛮不错了，那该怎么拉他入伙呢？

梁建章想到季琦和沈南鹏都是从上海交大毕业的，两人很快找到沈南鹏，把项目阐述了一下。因为校友的关系，再加上双方之前就很欣赏对方的能力，一番畅谈后，沈南鹏毫不犹豫地加入了团队。于是三人合伙开公司，沈南鹏出资60万元，占40%的股份，而季琦和梁建章各出资20万元，各占20%的股份。

但是，三人组队后，发现大家都不懂旅游，要让项目顺利开展，还需要找一个行业里的资深人士。几个人到处接触各个旅游公司的高管，而那时候，没有任何人对这个刚刚成立的小公司感兴趣。

在一筹莫展的时候，季琦偶然听说了上海大陆饭店的总经理范敏。范敏当时是国企总经理，有专职司机，还有单位住房。但范敏也是上海交大的校友，于是三人马上找到了范敏。

范敏听了项目，并没有动容。季琦想，范敏的确是团队需要的人，要请范敏出来，靠校友的身份去打动他还是有点机会的。

于是，季琦一次又一次地去找范敏，和他聊交大的各种共同记忆、聊他们的改变行业的梦想。终于有一天，范敏决定和校友们一起放手一搏。于是"携程四君子"的技能互补型团队正式成立。

梁建章担任首席执行官，负责网站技术；季琦任总裁，负责开拓市场；沈南鹏任首席财务官，负责上市融资；范敏任执行副总裁，负责产品管理。

对此，季琦是这样总结的：

在团队中，成员之间的私交是非常重要的。成员之间如果没有私交，团队会在遇到困难的时候散伙。他和梁建章经常一起旅游，经常一起"吃个小菜，喝个小酒"，他和沈南鹏、范敏都是交大的校友，这样的私交，完全可以化解彼此之间因为冲突和矛盾带来的危机。

（2）合伙人团队——一人全职，三人兼职

既然方向早就确定了，人也找齐了，他们四人决定于1999年5月份开始正式运营这个网站。不过，梁建章做了一个提议，建议季琦先把公司做起来。

四个人一起来做一家公司，只有你一个人是全职，其他三个人是兼职，这种情况你同意吗？

面对这个问题，季琦爽快地同意了这个建议："好啊！先由我来开路，反正我一直都在'海里'，没有什么可失去的。"

在创业早期，基本上是季琦一个人在扛替。而其他三位团队成员，只是利用工作之余的时间来跟季琦一起讨论，充当着兼职创业者的角色。

对于这种选择，大家心里都很清楚：一家新创企业的成功是依赖很多条件的。假如有某一环节上的失误，马上就会导致一家企业彻底失败，这也是常人所说的"一着不慎，满盘皆输"。在互联网浪潮扑面而来之时，尽管他们的团队很优秀，商业模式也不错，但是，在一切还没明朗之前，谁敢保证创业一定会成功呢？所以，他们只能是摸着石头过河。

既然是小心试探，就必须考虑成本，他们必须选择一个创业成本最低的人来开路。不用说，这个恰当的人选就是季琦。

选择季琦有很多好处。季琦拥有他们三位同伴所缺乏的东西：在当时中国这个不太规范的市场里，他非常熟悉这个市场的规则，很清楚怎样才能够生存下来，明白创业必须因陋就简，"篮子里有什么菜，就做什么饭"。跟跨国公司的"海龟"和国企的"鲸鱼"相比，季琦这个"土鳖"在涓涓细流的小溪里，更容易找到通往大海的河流。

虽然早期他们四个人不是付出同等的时间和精力来孵化这个公司的。但季琦的想法是：先将市场做起来再说，不愁分不到钱。

直到公司进入正轨后，其他的三个创业伙伴才全身投入到携程的经营中来。

(3) 风险投资——优质团队组合，风投三次追加投资

尽管说季琦来开路成本最少。但是一家公司刚成立，方方面面都要钱。正如季琦所说的那样：汽车刚刚起动时耗油很多。创业团队不到三个月就花完了100万的启动资金，融资成了最迫切的生存需求。

因为此前的工作关系，季琦与IDG的章苏阳建立了联系，章苏阳带着IDG（美国国际数据集团）技术投资基金总裁周全和IDG波士顿总部的技术专家，与季琦和梁建章进行了面谈。

让季琦和梁建章非常惊讶的是，这两位IDG的投资人没有问携程的商业模式和盈利模式，也没问风投常问的三个问题：你们在做什么？团队有谁，你们怎么认识的？公司现在的现金情况怎么样？而是问一些让人莫名其妙的问题。

周全说："我想了解一下，你们创办携程的目的是什么？"

季琦说："我们觉得互联网是一个很好的平台，它可以让个人的能力得到更好的发挥，利用互联网的力量可以让自己的产品方便更多的顾客。"

周全继续问："再过10年，如果携程做得很大了，创业团队的这些人准备干什么？"

第二个问题让季琦和梁建章很难回答，因为当时他们根本没有考虑这么长远的事情。

看了一眼梁建章后，季琦说："这个问题还没想过。大家都在做互联网，我们也做互联网。我觉得互联网能做大。"接着，季琦又跟IDG的投资人讲起在美国的故事，讲起在甲骨文总部第一次看到互联网的震撼，讲他回国后一直在寻找如何进入网络这个行业的切入点。

携程团队与IDG投资人的见面会，就在这种莫名其妙的问题中结束了。季琦他们离开后，章苏阳问："这个团队怎么样？"

波士顿的技术专家说："他们的远期目标不是很明确，对旅游和网络这两者的结合不是很清晰，不过，他们这个团队确实是技能互补型的。"

"他们四个人有点像一个机构。四个人有各自不同的背景，大齿轮小齿轮之间啮合得非常好。对于风险投资来说，这个团队成员的背景很有吸引力，足够执掌他们将要操作的公司。"

章苏阳说："好吧，先投一点，如果发展好的话，再追加资金。"

季琦的激情、梁建章的理性、沈南鹏的投资经验再结合范敏的运营经验，携程四君子组合而成的团队在不少投资人眼里无疑是完美无瑕的。一个星期后，IDG给携程公司的估价是200万美元，IDG答应投资50万美元，占携程20%的股份。

当然，那也仅仅是个开始。2000年3月，携程吸引软银等风险投资450万美元，同年11月，携程引来美国凯雷集团等机构的第三笔投资，获得超过1000万美元的投资。

之后的两年，携程也走得顺风顺水。2003年9月，携程的经营规模和赢利水平已经达到上市水平，并获得Pre-IPO的1000万美元的投资，并于12月9日在美国纳斯达克股票交易所成功上市。

> **评析**：大多数创始团队成员是同学、同事、好朋友，有很强的信任基础，可是为什么有的一起上市敲钟，成就了一番事业；有的却成为失败案例，连朋友都做不成了？
>
> 因为创业之后每个人都在不断进化，合伙人之间，除了是长期利益的合伙关系，更是创业理念和创业规则的合伙，将感情和利益合在一起才是长期的合伙。
>
> 另外，对于创始团队来说，股权分配，分的是公司的未来价值，分好蛋糕，是为了共同做大蛋糕。把公司做成一家有价值的公司，才是对所有股东的最大激励。

思考与训练

1. 评价自身的创业素质和能力，并制定提升能力和素质的具体行动计划。

请你根据自身情况，客观地在图3-1中为自己的创业素质和能力评分，10分为最高分，0分为最低分。

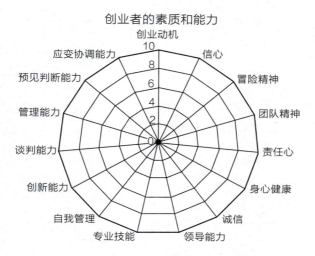

图 3-1　创业素质和能力测评图

2. 利用活页挂纸绘制创业团队的组织结构,并明确成员岗位,描述各个岗位职责。
3. 利用活页挂纸设计团队股权结构。

参考文献

[1] 陆根书,刘胜辉. 大学生创新创业基础[M]. 北京:北京理工大学出版社,2016.
[2] 仲大军. 当前中国企业的社会责任[J]. 中国经济快讯,2002(38):26-27.
[3] 张汝山. 大学生创新创业指导[M]. 北京:国家行政学院出版社,2016.
[4] 薄赋徭. 创新创业基础[M]. 北京:高等教育出版社,2018.

第四章 创业机会与创业风险

视频 4
扫二维码 看课程视频

学习目标

- 了解创业机会的特征。
- 了解创业机会的来源。
- 了解创业机会的主要来源。
- 掌握识别和评价创业机会的方法。
- 了解创业风险的类型。
- 掌握规避创业风险的策略。

知识导图

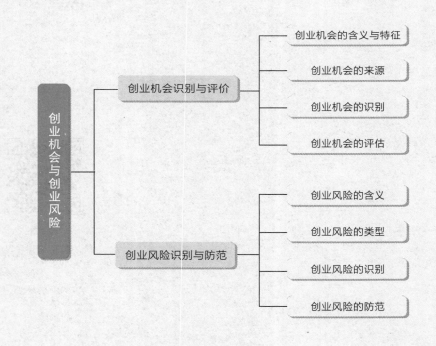

马云是如何发现创业机会的?

创业的话题被人津津乐道,创业者们斗志昂扬。那么像马云这样的企业家们,在初期是如何发现创业机会,挖掘到自己的第一桶金的呢?

马云出生在杭州,从小家境贫寒,他两次高考失败,第三次终于被杭州师范学院录取。毕业后,马云被分到杭州电子工业学院教英语,同时兼职做翻译。

后来,马云辞职后换了几份工作。1995年他创办了海博翻译社。因为帮助杭州市政府和美国一家公司谈合作,马云在去美国时第一次接触到了互联网。1995年4月,马云垫付7000元,联合家人和亲朋好友凑了2万元,创建了中国最早的互联网公司之一"海博网络",并启动了中国黄页项目。

那时的马云与其说是总经理,不如说是个推销员。一位曾在大排档里见过马云的老乡这样描述他:喝得微醺、手舞足蹈,跟一大帮人神侃瞎聊。那时大家还不知道互联网为何物,很多人将马云视为到处推销中国黄页的"骗子",但他还是一遍遍地"对牛弹琴"。到了1997年年底,网站的营业额不可思议地做到了700万元!

随着互联网在中国升温,中国黄页在一夜之间冒出许多竞争者,当时最强大的当属本地的杭州电信。实力悬殊的竞争使得马云最终向对方出让了70%的股份,但双方合作并不愉快——失去决策权的马云完全施展不开手脚。

1997年,当时的外经贸部向马云伸出了橄榄枝,他将自己所持的中国黄页剩余股份贱卖,带着几个创业伙伴远走北京,继续开发网上贸易站点。在租来的不到20平方米的小房间埋头苦干15个月后,不仅让外经贸部成了中国第一个上网的部级单位,而且将净利润做到了287万元。

然而,外经贸部此前对马云团队许诺的股份因种种原因迟迟没有落实。他决定再度重新创业。1999年2月,在杭州湖畔花园的马云家中,以50万元起步的阿里巴巴诞生了。2014年阿里巴巴在纽交所上市,马云成为中国首富。2016年4月6日,阿里巴巴正式宣布已经成为全球最大的零售交易平台。2017年2月,阿里巴巴成立澳大利亚、新西兰总部。2018年3月26日,"BrandZ™ 2018最具价值中国品牌100强"排行榜发布,阿里巴巴以886亿美元品牌价值排名第2位。3月28日,阿里巴巴宣布全面进军物联网领域。

第一节 创业机会识别与评价

一、创业机会的含义与特征

（一）创业机会的含义

机会是指具有时间性的有利情况，是营造出的对新产品、新服务或新业务需求有利的环境。

创业机会也称商业机会或市场机会，是指有吸引力的、较为持久的有利于创业的商业机会，并最终表现在能够为消费者和客户创造价值或增加价值的产品或服务之中。

（二）创业机会的特征

1. 偶然性

创业机会在大多数情况下是偶然造成的，尽管它普遍存在于人们身边的事物中，但人们并不容易捕捉到它。虽然创业机会具有偶然性，却是客观事物内在的必然性的表现。

2. 消逝性

"机不可失，失不再来"是对创业机会消逝性的最好说明。创业机会存在于一定的时空范围之内，随着产生创业机会的客观条件的变化，创业机会就会相应地流失或消逝。由于创业机会往往是社会所共有的，在激烈的竞争中，只要稍一迟疑，创业机会就会被别人抢走。

3. 时代性

创业机会的时代性是指一定时代对各种创业机会打上的烙印和赋予的社会的、时期的色彩。社会色彩是指不同制度的社会对创业机会产生的影响。

4. 隐蔽性

生活充满机会，机会每天都在撞击着我们的大门。可惜大多数人都意识不到它的存在，这就是机会的隐蔽性。创业机会更是如此。

二、创业机会的来源

1. 问题和痛点

创业的根本目的是满足顾客需求,而顾客需求在没有满足前就是问题。寻找创业市场机会的一个重要途径是善于发现和体会自己和他人在需求方面的问题或生活中的痛点。比如,上海有一位大学毕业生发现远在郊区的本校师生往返市区交通十分不便,便创办了一家客运公司,这就是把问题转化为市场机会的成功案例。再比如,在工作、生活节奏快的情形下,很多人没有太多时间做饭,于是各种外卖就应运而生。

2. 社会变化

创业的市场机会大都产生于不断变化的市场环境,环境变化了,市场需求、市场结构必然发生变化。这里的变化是指产业结构的变化;科技进步;通信革新;经济信息化、服务化;价值观与生活形态变化;人口结构变化等。

3. 政策与体制变革

随着经济的快速发展,需求的不断改变,政府时刻跟随时代来调整政策,市场政策的变动使得市场结构发生变化,新政策的出台或现有政策的修改都会为创业者们带来大量的创业机会。近年来,为拉动经济增长,促进经济转型升级,我国政府政策频出,这些政策对经济的拉动作用是毋庸置疑的,更会给各行各业带来创业良机。

4. 技术的革新

技术革新是有价值创业机会的最重要来源,技术革新改变了社会面貌,它以高科技手段提高了人们办事的效率,改变了人们日常行为的方式,制造了许多空白的市场空间,使创业成为可能。

三、创业机会的识别

创业机会识别是指创业者识别新的创业机会的过程,是创业的初始阶段。创业机会识别是创业的关键问题之一。从创业过程来说,创业机会的识别是基础。在创业机会识别过程中,要考虑四点:❶ 创业机会能不能为消费者创造新价值或增加价值;❷ 创业机会能不能解决一项重要问题或满足市场的重大需求和欲望;❸ 这个机会有没有很强的市场需求,是不是利润丰厚;❹ 创业机会能不能适应市场环境和突发情况,收支平衡。

（一）创业机会识别方法

创业机会以不同形式出现。许多好的商业机会并不是突然出现的，而是对于"一个有准备的头脑"的一种"回报"。在机会识别阶段，创业者需要弄清楚机会在哪里和怎样去寻找。

1. 现有的市场机会

对创业者来说，在现有的市场中发现创业机会，是很自然和较经济的选择。一方面，它与我们的生活息息相关，能真实地感觉到市场机会的存在；另一方面，由于总有尚未全部满足的需求，在现有市场中创业，能减少机会的搜寻成本，降低创业风险，有利于成功创业。现有的创业机会存在于：不完全竞争下的市场空隙、规模经济下的市场空间、企业集群下的市场空缺等。

（1）不完全竞争下的市场空隙。不完全竞争理论或不完全市场理论认为，企业之间或者产业内部的不完全竞争状态，导致市场存在各种现实需求，大企业不可能完全满足市场需求，必然使中小企业具有市场生存空间。中小企业与大企业互补，满足市场上不同的需求。大中小企业在竞争中生存，市场对产品差异化的需求是大中小企业并存的理由，细分市场以及系列化生产使得小企业的存在更有价值。

（2）规模经济下的市场空间。规模经济理论认为，无论任何行业都存在企业的最佳规模或者最适度规模的问题，超越这个规模，必然带来效率低下和管理成本的提升。产业不同，企业所需要的最经济、最优成本的规模也不同，企业从事的不同行业决定了企业的最佳规模，大小企业最终要适应这一规律，发展适合自身的产业。

（3）企业集群下的市场空缺。企业集群主要指地方企业集群，是一组在地理上靠近的相互联系的公司和关联的机构，它们同处在一个特定的产业领域，由于具有共性和互补性而联系在一起。集群内中小企业彼此间发展高效的竞争与合作关系，形成高度灵活专业化的生产协作网络，具有极强的内生发展动力，依靠不竭的创新能力保持地方产业的竞争优势。

2. 潜在的市场机会

潜在的创业机会来自于新科技应用和人们需求的多样化等。成功的创业者能敏锐地感知社会大众的需求变化，并能够从中捕捉市场机会。

新科技应用可能改变人们的工作和生活方式，出现新的市场机会。通信技术的发展，使人们在家里办公成为可能；互联网的出现，改变了人们工作、生活、交友的方式；网络游戏的出现，使成千上万的人痴迷其中，乐此不疲；网上购物、网络教育的快速发展，使信息的获取和共享日益重要。

需求的多样化源自于人的本性，人类的欲望是很难得到满足的。在细分市场里，可以发掘尚未满足的潜在市场机会。一方面，根据消费潮流的变化，捕捉可能出现的市场机会；另一方面，根据消费者的心理，通过产品和服务的创新，引导需求并满足需求，从而创造一个全新的市场。

3. 衍生的市场机会

经济活动的多样化为创业拓展了新途径。一方面，第三产业的发展为中小企业提供了非常多的成长点，现代社会中，人们对信息情报、咨询、文化教育、金融、服务、修理、运输、娱乐等行业提出了更多更高的需求，从而使社会经济活动中的第三产业日益发展。由于第三产业一般不需要大规模的设备投资，它的发展为中小企业的经营和发展提供了广阔的空间。另一方面，社会需求的易变性、高级化、多样化和个性化，使产品向优质化、多品种、小批量、更新快等方面发展，也有力地刺激了中小企业的发展。

（二）成功的创业机会识别所需的条件

面对具有相同期望值的创业机会，并非所有潜在创业者都能把握。成功的机会识别是创业愿望、创业能力和创业环境等多因素综合作用的结果。

首先，创业愿望是机会识别的前提。创业愿望是创业的原动力，它推动创业者去发现和识别市场机会。没有创业愿望，再好的创业机会也会视而不见，或失之交臂。

其次，创业能力是机会识别的基础。识别创业机会在很大程度上取决于创业者的个人（团队）能力。国内外研究和调查显示，与创业机会识别相关的能力主要有：远见与洞察能力、信息获取能力、技术发展趋势预测能力、模仿与创新能力、建立各种关系的能力等。

最后，创业环境的支持是机会识别的关键。创业环境是创业过程中多种因素的组合，包括政府政策、社会经济条件、创业和管理技能、创业资金和非资金支持等方面。一般来说，如果社会对创业失败比较宽容，有浓厚的创业氛围；国家对个人财富创造比较推崇，有各种渠道的金融支持和完善的创业服务体系；产业有公平、公正的竞争环境，那就会鼓励更多的人创业。

（三）互联网创业机会的识别

在"互联网+"这样一个中国经济新形势、新业态下，如何运用互联网思维深入挖掘创业机会是当今大学生成功开启创业之路的过程中必须面对的问题。互联网领域的创业机会可以归纳成三种，分别是市场机会、政策机会和技术机会。从宏观的商业模式和行业发展的视角到微观的个人和产品的视角，我们将发现创业机会的方式细分为模仿创新、重度垂直、发现痛点、从兴趣出发、定义场景等五类,下文重点介绍前三类识别方式。

1. "互联网+"市场机会

市场并非一直处于绝对平衡之中,一旦市场的结构失衡,就需要新的创业者利用这个机会去寻找新的动态平衡。例如"O2O"便是利用互联网自由连接的特质,对各行各业的采购、生产制造和交付等环节的供应链进行重构,消除传统行业供应链中的多余节点,从而发现创业机会。

2. "互联网+"模仿创新

互联网诞生于美国,发展、繁荣也由美国领头,所以很多新的技术、模式诞生于美国,美国对于互联网具有先发优势,国内绝大多数互联网企业身上都带着国外同行的影子,参考借鉴了美国同行经验,虽然针对本土网民的个性化需求,做了种种本土化创新,但核心应用模式仍大多是搬来的。

我国早期的互联网企业都可以找到国外模式,如美国有了雅虎,中国有了新浪、搜狐;美国有了eBay,中国有了淘宝;美国有了亚马逊,中国有了当当;美国有了Google,中国有了百度;美国有了Twitter,中国有了微博;美国有了Groupon,中国有了团购网站。这些创业机会可以总结为复制型机会和改进型机会。而国内下一代互联网创业机会将会更多地体现出创新型机会的特点,阿里巴巴就是一个典型例子。具体见表4-1。

表4-1 国内互联网创业机会情况

中国网站	美国模式	机会发现	特点
新浪、搜狐	雅虎	发现门户网站在中国的机会	复制型
淘宝	eBay	C2C在中国市场的空白	复制型
当当	亚马逊	直接复制亚马逊B2C模式	复制型
百度	Google	搜索引擎的本土化创新	改进型
微博	Twitter	Twitter是微博鼻祖	复制型
开心网、人人网	Facebook	社交网站的本土化	复制型
美团网等	Groupon	Groupon本土化	改进型
腾讯	ICQ	无意之举	改进完善
阿里巴巴			B2B创新

最近也正在发生一些微妙变化,"Copy to China"(C2C)很难奏效,同时海外产品开始向中国同行取经,"to China Copy"(2CC,即"中国复制")兴起,移动互联网时代中国玩家们获得了"逆袭"的机会。Facebook于2015年推出的Hello功能对国内软件搜狗号码通进行了不少模仿。Google这一曾经引领全球科技的创新机器,也上线了

在搜索结果中直接安装 APP 的功能，可以通过内容搜索到 APP，在结果页直接安装，而百度上线对应功能比它早了一年以上且做得更成熟。这些都是 2CC 的典型。

所以，创业者在借鉴国外互联网公司先进产品的同时，也可以多关注中国本土互联网公司的发展，新一代成功的互联网创业公司必将带有强烈的中国特色。从 C2C 和 2CC 中，我们发现可以通过对比国内外市场的发展，从中比较不同的商业模式和技术创新，找出国内市场的空白，发现创业机会。

3. "互联网+"重度垂直

垂直领域，指的是房产、家居、汽车、旅游、教育和医疗等大宗非标准化的消费品领域。这些商品的消费金额占据了我们日常生活中消费金额最大的部分。

互联网产业结构为"倒金字塔"，只有少量的企业提供基础服务，会有一定数量的大企业抢占流量入口。对创业者来说，更多的创业机会存在于垂直领域的应用与服务中。从"互联网+"创业机会的来源便可以看出，由于百度、腾讯、阿里等大型互联网公司的平台垄断，未来很多的创业机会都将出现在垂直的细分市场。互联网几大垂直细分领域如垂直电商、垂直餐饮 O2O、垂直上网导航、垂直女性健康都有创业者的身影。

虽然当前的互联网市场大多已被平台型的互联网公司垄断，稍小的互联网公司也各自选边站队，越来越多的细分领域被阿里、百度、腾讯、京东、360 等巨头染指。然而，从另一个角度来看，这些巨头也正在为未来的创业者建造越来越完善的互联网基础设施，创业者们借助这些便捷的创业平台便可以打开垂直领域的市场。

案例分享 4-1

凯叔讲故事

作为中国最大的儿童有声故事品牌，"凯叔讲故事"每天为 400 万个家庭提供有声故事、家庭教育等一系列服务。在创业初期，创始人王凯全力以赴打造产品，后台却接到了无数妈妈的投诉，抱怨王凯的故事讲得实在太生动，以致孩子们在睡前听了故事兴奋得睡不着觉。

这些抱怨让王凯很是为难，因为衡量讲故事好坏的标准就是看故事是否讲得生动，如果把孩子们讲睡着了，说明自己的故事讲得不好，而且孩子们不爱听，用户也会流失。王凯仔细思考之后发现，他的产品存在一个用户的使用场景———孩子们睡前听故事，在这个场景下用户的需求便是在听完故事之后能够安然入睡，因此王凯决定在讲完故事之后推出"睡前诗"这个新产品。王凯会在故事讲完之后读一首诗，这首诗他会读 7 到 15 遍，一遍比一遍声音小，一直到最后似有似无地结束。孩子们听了这首诗之后慢慢就睡着了。并且时间长了以后，王凯发现孩子们沉浸在汉语音韵的平仄之美中，其实也是受益良多的。所以任何一款产品或服务都要围绕场景来解决用户的痛点。

4. "互联网+"发现痛点

很多情况下，解决问题是互联网创业的起点。换言之，如果某方面暂时没有人去做或者做得不够好，这就是一个新的商业机会。结合互联网的技术手段，寻找拥有相同痛点的人，解决问题，就是极佳的互联网创业出发点。

那么，到哪里去找痛点呢？从抱怨里找。只要注意倾听和发现，就会从生活中听到各种人的抱怨：抱怨食品卫生，抱怨交通路况，抱怨孩子上学，抱怨工资少，等等。这些都是寻找痛点、发现互联网创业机会的绝佳切入点。

四、创业机会的评估

创业成功与失败之间，除了不可控制的因素之外，有许多创业机会在开始的时候，就已经注定未来可能失败的命运。创业本身是一种"做中学"的高风险行为，但是失败也可能是奠定下一次创业成功的基础，不过这些先天体质不良、市场进入时机不对、或者具有致命瑕疵的创业构想，如果创业者能先以比较客观的方式进行评估，那么就能避免许多失败结局的发生。

（一）市场评估准则

1. 市场定位

一个好的创业机会，必然具有特定市场定位，专注于满足顾客需求，同时能为顾客带来增值的效果。因此评估创业机会的时候，可由市场定位是否明确、顾客需求分析是否清晰、顾客接触通道是否流畅、产品是否持续衍生等，来判断创业机会可能创造的市场价值。创业带给顾客的价值越高，创业成功的机会也会越大。

2. 市场结构

针对创业机会的市场结构进行5项分析，包括进入障碍；供货商、顾客、经销商的谈判力量；替代性竞争产品的威胁以及市场内部竞争的激烈程度等。由市场结构分析可以得知新企业未来在市场中的地位，以及可能遭遇竞争对手反击的程度。

3. 市场规模

市场规模大小与成长速度，也是影响新企业成败的重要因素。一般而言，市场规模大者，进入障碍相对较低，市场竞争激烈程度也会略为下降。如果要进入的是一个十分成熟的市场，那么纵然市场规模很大，由于已经不再成长，利润空间必然很小，也就不值得再投入。反之，一个正在成长中的市场，通常也会是一个充满商机的市场，所谓水涨船高,只要进入时机正确,必须会有获利的空间。

4. 市场渗透力

对于一个具有巨大市场潜力的创业机会,市场渗透力(市场机会实现的过程)评估将会是一项非常重要的影响因素。聪明的创业者知道选择在最佳时机进入市场,也就是市场需求正要大幅成长之际。

5. 市场占有率

从创业机会预期可取得的市场占有率目标,可以显示这家新创公司未来的市场竞争力。一般而言,在成为市场的领导者,最少需要拥有20%以上的市场占有率。但如果低于5%的市场占有率,则这个新企业的市场竞争力不高,自然也会影响未来企业上市的价值。尤其处在具有赢家通吃特点的高科技产业,新企业必须拥有成为市场前几名的能力,才比较具有投资价值。

6. 产品的成本结构

产品的成本结构也可以反映新企业的前景是否亮丽。例如,从物料与人工成本所占比重之高低、变动成本与固定成本的比重,以及经济规模产量大小,可以判断企业创造附加价值的幅度以及未来可能的获利空间。

(二)效益评估准则

1. 合理的税后净利

一般而言,具有吸引力的创业机会,至少需要能够创造15%以上税后净利。如果创业预期的税后净利是在5%以下,那么这就不是一个好的创业机会。

2. 达到损益平衡所需的时间

合理的损益平衡时间应该能在两年以内达到,但如果三年还达不到,恐怕就不是一个值得投入的创业机会。不过有的创业机会确实需要经过比较长的耕耘时间,通过这些前期投入,创造进入障碍,保证后期的持续获利。在这种情况下,可以将前期投入视为一种投资,才能容忍较长的损益平衡时间。

3. 投资回投率

考虑到创业可能面临的各项风险,合理的投资回报率应该在25%以上。一般而言,15%以下的投资回报率,是不值得考虑的创业机会。

4. 资本需求

资金需求量较低的创业机会,投资者一般会比较欢迎。事实上,许多个案显示,资本额过高其实并不利于创业成功,有时还会带来稀释投资回报率的负面效果。通常,知识越密集的创业机会,对资金的需求量越低,投资回报反而会越高。因此在创业开始的时候,不要募集太多资金,最好通过盈余积累的方式来创造资金。而比较低的资本额,将有利于提高每股盈余,并且还可以进一步提高未来上市的价格。

5. 毛利率

毛利率高的创业机会,相对风险较低,也比较容易取得损益平衡。反之,毛利率低的创业机会,风险则较高,遇到决策失误或市场产生较大变化的时候,企业很容易就遭受损失。一般而言,理想的毛利率是40%。当毛利率低于20%的时候,这个创业机会就不值得再予以考虑。软件业的毛利率通常都很高,所以只要能找到足够的业务量,从事软件创业在财务上遭受严重损失的风险相对会比较低。

6. 策略性价值

能否创造新企业在市场上的策略性价值,也是一项重要的评价指标。一般而言,策略性价值与产业网络规模、利益机制、竞争程度密切相关,而创业机会对于产业价值链所能创造的加值效果,也与它所采取的经营策略与经营模式密切相关。

7. 资本市场活力

当新企业处于一个具有高度活力的资本市场时,它的获利回收机会相对也比较高。不过资本市场的变化幅度极大,在市场高点时投入,资金成本较低,筹资相对容易。但在资本市场低点时,投资新企业开发的诱因则较低,好的创业机会也相对较少。不过,对投资者而言,市场低点的成本较低,有的时候反而投资回报会更高。一般而言,新创企业的活跃的资本市场比较容易创造增值效果,因此资本市场活力也是一项可以被用来评价创业机会的外部环境指标。

8. 退出机制与策略

所有投资的目的都在于回收,因此退出机制与策略就成为一项评估创业机会的重要指标。企业的价值一般也要由具有客观鉴价能力的交易市场来决定,而这种交易机制的完善程度也会影响新企业退出机制的弹性。由于退出的难度普遍要高于进入的难度,所以一个具有吸引力的创业机会,应该要为所有投资者考虑退出机制,以及退出的策略规划。

(三)创业团队的评估准则

1. 产业经验与专业背景

创业领袖及其团队成员对于所要投入产业的相关经验与了解程度的多寡,也会影响创业是否获得成功的概率。一般可以经由产业内专家对于创业团队成员的背景经验与专业能力的评价,来获得这项信息。再好的创业机会,如果创业团队不具备相关产业经验和专业背景，对于投资者可能不会具有吸引力。

2. 诚信正直的人格

创业者的人格特质也是一项会影响创业成败的关键因素，尤其针对创业者的人品与道德观。在业界具有良好声誉，重视诚信、正直、无私、公平等基本做人处事原则的创业者，对于评价创业机会通常都具有显著加分的效果。许多绝佳的创业机会，最后都是因为内部争权夺利而导致功败垂成，这也突显出领导者人格特质对于创业成功的重要性。

第二节　创业风险识别与防范

创业是一条曲折艰辛的道路，风险是难以避免的，成功的可能性很低，有时带有很大的运气成分。因此，创业者只有具备强烈的风险意识，在经营活动中才可能预防风险、降低风险、规避风险，从而提高成功的概率。

一、创业风险的含义

对于风险的理解，一般有两个角度：一个角度是强调了风险表现为结果的不确定性，另一个角度则强调了损失的可能性。前者属于广义的风险，说明未来利润多寡的不确定性，可能是获利（正利润）、损失（负利润）或者无损失也无获利（零利润）；后者属于狭义的风险，只能表现为损失，没有获利的可能性。无论如何定义"风险"一词，其基本的核心含义都是"未来结果的不确定或损失"。

创业风险是指企业在创业过程中存在的各种风险具体指创业环境的不确定性，创业机会与创业企业的复杂性，创业者、创业团队与创业投资者的能力和实力的有限性导致创业活动结果的不确定性。

二、创业风险的类型

（一）按创业风险产生的原因划分

1. 主观创业风险

它是指在创业阶段，创业者的身体与心理素质等主观方面的因素导致创业失败的可能性。

2. 客观创业风险

它是指在创业阶段，客观因素导致创业失败的可能性，如市场的变动、政策的变化、竞争对手的出现、创业资金缺乏等。

（二）按创业风险的内容划分

1. 技术风险

它是指技术方面的因素及其变化的不确定性使创业失败的可能性。

2. 市场风险

它是指市场情况的不确定性使创业者或创业企业遭受损失的可能性。

3. 政治风险

它是指战争、国际关系变化或有关国家政权更迭、政策改变使创业者或创业企业遭受损失的可能性。

4. 管理风险

它是指创业企业管理不善产生的风险。

5. 生产风险

它是指创业企业提供的产品或服务从小批试制到大批生产的风险。

6. 经济风险

它是指宏观经济环境发生大幅度波动或调整使创业者或创业投资者遭受损失的风险。

（三）按创业过程划分

1. 机会的识别与评估风险

它是指在机会的识别与评估过程中，各种主客观因素使创业一开始就面临方向错误的风险。

2. 准备与撰写计划书风险

它是指创业计划书的准备与撰写过程带来的风险。创业计划书往往是创业投资者决定是否投资的依据，因此创业计划书将对具体的创业产生影响。

3. 确定并获取创业资源风险

它是指由于存在资源缺口，无法获得所需的关键资源；或即使可获得，但获得的成本较高，从而给创业活动带来一定的风险。

4. 新企业管理风险

它主要包括管理方式，企业文化的选取与创建，发展战略的制定，以及组织、营销等各方面的管理中存在的风险。

（四）按创业与市场和技术的关系

1. 改良型风险

它是指利用现有的市场、现有的技术进行创业所存在的风险。这种创业风险最低，经济回报有限。

2. 杠杆型风险

它是指利用新的市场、现有的技术进行创业存在的风险。该风险稍高，这种风险往往是地理上的，常见于挖掘未开辟的市场。

3. 跨越型风险

它是指利用现有市场、新的技术进行创业存在的风险。该风险稍高，主要体现在创新技术的应用方面，往往反映了技术的替代，是一种较常见的情况，常见于企业的二次创业。

4. 激进型风险

它是指利用新的市场、新的技术进行创业存在的风险。该风险最大，如果市场很大，可能带来巨大的机会。

三、创业风险的识别

创业风险识别是指创业者依据企业活动，对创业企业面对的现实及潜在风险，运用各种方法加以判断、归类鉴定风险性质的过程。

识别创业风险是一项复杂而细致的工作，要按特定的程序和步骤，采取适当的方法逐层次地分析各现象，并实事求是地做出评估。风险可以分为三种形式：第一种是必然风险，即无论如何都不可避免要发生；第二种是潜伏风险，这种风险的发生取决于一定的诱发因素，也就是说这种风险有可能发生，也有可能不发生；第三种是想象风险，即人们的猜想和想象，是心理反应的产物，其实不会发生，这种风险是假风险。

1. 确定导致创业风险的不确定性的客观存在

这里强调的是导致创业风险的不确定性的客观存在。因此，必须要发现或推测这些因素是否存在不确定性，如果所有要素是确定的，不能成为风险。在此基础上，要确定因素的不确定性本身必须是客观存在的，不以人的意志为转移的，不是凭空想象和捏造的。

2. 建立创业风险因素清单

建立创业风险因素清单是识别创业风险的基础工作和前提条件。清单中应明确列出客观存在和潜在的各种风险，应该包括各种影响创业企业生产、经营和经济效益的因素。

3. 进行创业风险因素分类

对创业风险进行分类的目的是更加深入地理解创业风险的特征，并在此基础上制定更好的管理对策。对创业风险进行分类必须结合创业风险要素的性质和可能性结果及彼此之间的关联程度。

4. 进行风险排序

风险识别的目的是对其进行归类，即根据风险和各种可能的影响结果，按照一定的方法进行轻重缓急判断，并给予排序，分别列入不同的风险级别。

案例分享 4-2

创业失败又背债

秦某在上海大学读大四时，通过熟人与中国联通上海分公司一级代理商上海某通信工程设备有限公司取得联系，并得知该通信公司正准备推广 CDMA 校园卡业务。秦某认为可以发动老师、同学购买，是个可以轻松赢利的好机会。由于该通信公司要求必须与以公司为主体的对象来签协议，秦某和几个同学在家长的帮助下，注册了上海某科技咨询有限公司，以该公司的名义与对方签署了《CDMA 校园卡集团用户销售协议书》。

在同学和老师的宣传下，秦某的生意很红火，一共发展了 4196 名用户。秦某和自己的公司可从对方获得 10 余万元的回报。但是该通信公司给秦某支付了 2 万元钱后，联通公司发现秦某公司递交的客户资料中有几百份是虚假的，有一部分根本不是校园用户，有的是冒用别人的身份证而办理的，最终形成了大量欠费。该通信公司为此得赔偿联通 442 户不良用户的欠费 52 万余元，联通还扣减了该通信公司 406 位虚假用户和不良用户的手机补贴款 36 万余元。

该通信公司将秦某公司及秦某起诉到法院，要求秦某公司及秦某承担上述赔偿款项，另赔偿该通信公司 406 部虚假、不良用户手机的补贴差价 6 万余元，未归还的手机价款 15 万余元和卡款 5100 元，总计 100 万元左右。经过一审和二审，法院认定秦某借用秦某公司名义与该通信公司签订销售协议，协议书上是秦某的签名和秦某公司的公章，并无其他人员参与，故秦某与秦某公司共同承担 100 万元的赔偿责任。由于秦某公司本来就是为这项业务成立的公司，加上经营亏损，已被吊销营业执照，秦某成了债务承担人。一分钱没挣到的秦某反而背上了 100 多万元的债务。

四、创业风险的防范

（一）市场风险的防范

企业要结合发展战略，针对目标市场要求，根据外部环境因素，最有效地利用本身的人力、物力和财力资源，制定企业最佳的市场营销组合策略，最大限度地防范市场风险。

1. 树立以市场为导向的整合营销理念

要在瞬息万变、竞争激烈的市场中生存，企业必须树立正确的市场营销理念，重视市场营销的作用，这是企业开展一切营销活动的前提。企业要规避市场营销风险，首先应该增强现代营销理念，把市场营销工作放在重要的地位。此外，在进行产品规划、渠道选择与制定产品价格和促销策略时，都要以市场为导向，从客户角度出发，同时生产研发部门应注意与营销部门配合，关注市场需求，实现技术与市场的完美结合。

2. 生产适销对路的产品

面对消费需求的不断变化和竞争对手产品更新补发的加快，加快新产品研发的速度是预防产品风险的重要途径。面对已经发生的产品风险，尽快开发出符合市场需要的新产品是企业走出困境、摆脱困境的有效策略。企业应根据市场需求和企业目标，对产品组合的宽度、深度和关联度进行决策。

（二）管理风险的防范

企业需要建立一套完整的管理制度和科学的决策程序来降低管理风险。

1. 建立现代企业制度

建立科学的决策和监督机制是企业控制管理风险的前提，而这些又离不开合理的产权制度与健全的企业内部治理结构。所以，为减少企业管理风险，企业必须按照现代企业制度的要求，建立起真正的完善的法人治理结构。经营者激励机制也是法人治理结构中不容忽视的重要问题，解决好经营者特别是中高层管理人员的利益分配问题，不仅可以引导他们致力于企业利益最大化，尽可能把决策风险和操作风险降到最低程度，减少经营者的短期行为，而且可以对企业"内部人控制"现象起到遏制作用。

2. 完善企业的内部控制制度

完善企业的内部控制制度的一个重要手段就是建立健全严密的内部控制系统。企业内部控制系统必须覆盖企业的各项业务、各个部门和各级人员，并渗透到投资决策、执行、监督、反馈等各个环节。同时，企业还需建立科学的授权制度和岗位分离制度。

（三）财务风险的防范

1. 根据企业的经营战略，确定合理的债务结构

企业应根据经营战略安排企业的资本结构和负债结构。最优的资本结构是指企业综合资金成本率最低，股东投资利润率最高的资本结构，同时也是财务风险最小的资本结构。企业要根据自身的生产经营发展状况来合理设计资本结构中的各种比例关系。通过对不同来源、不同时期、不同层次的各种资本要素的有机协调，达到降低财务风险的目的。

2. 做好现金预算，加强财务预算控制

企业在借款时就应该注意安排未来还本付息的资金，否则需要借新款还旧债。创业企业举债能力较弱，容易发生不能支付到期债务的现金流量风险。企业可以通过编制现金预算、合理调度资金、加快资金周转、加强收支管理、加强财务预算控制、控制未来的发展规模，以及进行现金预算和其他财务预算的监督，来避免由于盲目发展而陷入资金不足的困境。

3. 保持资金流动

企业资金流转总是周而复始地进行的，因此流动性是企业的生命。企业必须加速存货周转，缩短应收账款周转期，以保持良好的资产流动性。企业应降低整体资产中固定资产的比重，以降低产品中固定成本的比重，从而降低企业的经营风险。

（四）技术风险的防范

为应对技术风险，企业除了要加大研发投入、缩短研发周期外，还要加强市场研究，迅速获得现有与潜在市场的产品信息，快速完成技术更新，引领所在领域产品的潮流。另外，要注意申请技术专利保护，防止技术的扩散给企业带来的损失。

1. 采用模仿创新战略

模仿创新就是在已经成功的技术基础上，投入不多的资金模仿该项技术，并对其进行补充、提高、改良、完善的过程。模仿创新虽然有跟风之嫌，但可以节省大量的开发费用，提高成功率，缩短从技术到市场的时间，从而大大降低技术风险。

2. 组建技术研发联合体

企业进行技术创新，特别是自主技术创新，风险大、时间长、复杂性高，单个企业往往难以承受。这时如能组建技术开发联合体，可以在一定程度上化解技术开发风险。技术联合体通常是企业和科研机构以及大学之间的联合。建立技术联合体可以获得符合本企业特点的新技术，并能迅速将技术转化为新产品，有效避免企业与科研院所的体系脱节，或因缺乏必要的中介组织所致的企业不易获得具有开发价值的新技术问题，从而在较低风险的条件下，获得创新的技术，形成企业的核心竞争力。

案例分享 4-3

远离虚假宣传

安徽某高校一名销售汽车数码零部件的创业大学生，因为在其淘宝网店、京东等多个网销平台营销宣传时，使用了"史上最低价"等相关字眼，后被工商部门认定构成虚假宣传，罚款 20 余万元并责令停止此类虚假宣传活动。

在淘宝、京东等任何网销平台的宣传都属于广告。所以，大学生创业者在经营和宣传过程中，要严格遵守相关法律，了解最常见的虚假宣传（广告），避免触犯法律，因小失大。"唯一""质量第一""央视品牌"等词属于高级误导性的夸大宣传描述；"国家级""最高级""全网最低""史上最低"等属于无法考证的用词，这些宣传就属于虚假宣传；法律不承认的承诺，如"假一罚十""假一罚万""假一赔命"等词，也属于虚假宣传。

以上情形，是所有类目的卖家都有可能碰到的虚假宣传的情形，对于部分类别的商品，比如食品、美妆，也有较为明晰的规定：除医疗、药品、医疗器械广告外，禁止其他任何广告涉及疾病治疗功能，并不得使用医疗用语或者易与推销的商品与药品、医疗器械相混淆的用语。食品、保健食品不得宣传治疗功效，不得夸大或虚假宣称商品功效，普通食品不得宣称保健/药品功效，商品中不得使用夸大功效词，如降血压、防治贫血、预防糖尿病、预防肿瘤、预防脂肪肝、排毒、减肥或者其他效果承诺等描述。普通食品宣传或暗示具有保健食品功效也涉嫌虚假宣传，商品描述中不能使用以下减肥相关功效宣传词：减肥、瘦身、瘦肚子、瘦腿等。在标题写有"减肥""瘦身"

等词语。化妆品广告不得夸大本身的使用效果，不得宣称具有保健食品/药品功效，广告中不得使用"减肥""燃脂""溶脂"等不实效果用词。

案例分享 4-4

杨麇辉：洗手间广告里面找商机年赚千万

杨麇辉开创了洗手间广告，在一个原本"藏污纳垢"的地方挖出了"真金白银"。此后的这几年，她未曾停歇，把创意变成了产业，客户也出现了联想、克莱斯勒、阿里巴巴等世界级品牌，超越 500 万元的年盈利正向 1000 万元挺进。

曾经：到洗手间找商机，心酸并快乐着

杨麇辉大学毕业的时候了解到一家很小的楼宇电梯广告公司年收入竟然达 1500 万元。当时，杨麇辉就想照这个模式，去找一个还没开发的市场占山为王。最终她确定了"洗手间广告"的创业项目。最大的优势就是针对性强，内容容易被受众记住。因为在蹲厕所的时间，人处于无聊状态，即使是半张过期的报纸，也能读得津津有味，记忆率可达 79.3%，是所有广告类型里记忆程度最高的。那么多的商场、写字楼、中高端餐饮、茶楼、咖啡厅、会所……除了食品都可以在卫生间做广告，足以成就一个大市场。

厕所给人的第一印象往往是污秽，除了家人反对，客户开拓也很艰难。2010 年 5 月 4 日，顶着各方的压力，杨麇辉的成都无媒不作广告策划有限公司终于在锦江区青年创业园开张了。公司的业务主要分成两块，一部分是开拓渠道，也就是物色广告位；另一部分是投放内容，就是往广告位上填充客户的广告内容。创业初期，最大的困难来自于人们对厕所的偏见。有一次，杨麇辉走进成都一家高档咖啡馆，希望在咖啡馆的洗手间里免费安装装饰画框，等自己有单子的时候撤换成广告，并给对方一定的提成。不料还没说完，这老总就非常粗暴地说："出去，出去，我们不做什么厕所广告！"类似的遭遇还有很多。最后，杨麇辉试着免费为他们提供高档洗手液、毛巾等，并给予一定的经济利益，才获得了一些场所的同意。

第二道坎就是要让广告客户认同在洗手间内打广告，更是难上加难。虽然也有个别商家对这种广告形式表现出一些兴趣，但多数老总还是担心，在洗手间投放广告会影响企业形象。有位汽车厂商很不客气地说："在这种藏污纳垢的地方打汽车广告，是自降身价！"

开张两个月，杨麇辉才拉到第一笔广告业务。一家美容美体店做了 120 个广告位。虽然这单只有几千元，但杨麇辉信心大增。由于广告效果令客户非常满意，此后又有一家内衣企业主动上门，这次进账 2 万元。

如今：形象提升，拿下世界级品牌

公司开业半年后，杨麋辉的"无媒不作"已经实现了收支平衡。2011年年初，阿里巴巴诚信通营销服务中心觉得这种新兴广告媒体很有创意，分两批投放了280多个广告位。针对阿里巴巴的特点，杨麋辉把广告设置在成都市商务人士出入较多的会所、写字楼等地的洗手间里，业务反馈相当不错。洗手间广告的收效期一般为10天左右。

与阿里巴巴的合作使"无媒不作"知名度大幅提升。以此为契机，杨麋辉开始提升广告档次，重点加强电子商务、家装、家居、卫浴、电器等品牌企业的开拓。此后的8个月，营业收入从不到百万元，火箭般猛增到260多万元。

杨麋辉开始加强形象提升。她认为，随着经济发展，不少人已将洗手间档次高低，作为评判消费场所服务成熟度的重要标准。各品牌商家更是不惜重金，营造感觉舒适甚至奢侈的如厕环境。就投资标准来看，只有每平方米装修超过5000元、总投资20万元以上的洗手间，才能"看上去不错"，也是洗手间广告最佳的投放场所。

2012年，杨麋辉成功拿下了成都市内几家银行、典当行、担保公司等金融机构的业务。随后，像克莱斯勒豪华轿车、RUTSPE珠宝、SKII化妆品及联想电脑等世界级品牌也成为她的客户。他们觉得，"无媒不作"锁定的人群是高学历、高收入的城市精英。这些人可能不看报纸、电视，不上网，但绝对都要上卫生间，在那里打广告会比传统群众媒介传播途径更精准。

2012年，杨麋辉的净收入达到500万元，随后走出成都，业务范围覆盖了达州、重庆等城市，共拥有5700多个广告位，盈利有望突破1000万元。

思考与训练

任务一：安排学生针对某一项目进行"头脑风暴"思维激荡训练活动，发现和识别新的创业机会。

任务二：围绕创业项目，识别创业风险，并制定详细的创业风险规避方案。

参考文献

[1] 刘丹."互联网+"创业基础[M].北京:高等教育出版社,2016.
[2] 马振峰.创造未来——大学生创新创业教程[M].上海:同济大学出版社,2017.
[3] 林伯全.大学生创新创业教程[M].2版.大连:大连理工大学出版社,2016.
[4] 丛子斌.创新创业教育[M].北京:高等教育出版社,2016.

第五章 创业商业模式

视频 5
扫二维码 看课程视频

学习目标

- 了解商业模式的定义和主要分类。
- 掌握商业模式的组成内容。
- 了解商业模式创造价值的途径。
- 掌握在互联网时代，商业模式的新特点。

知识导图

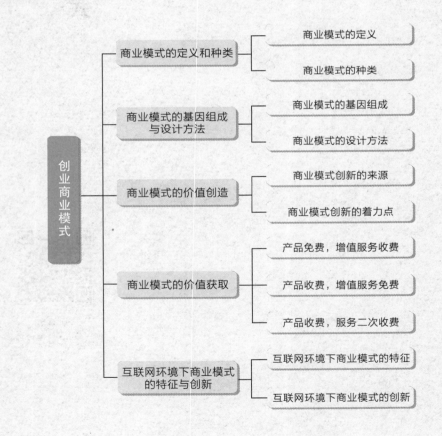

铁血军事网的发展过程

2001年，16岁的蒋磊被保送进入清华大学。头脑灵活的他在电脑还没有在普通宿舍出现的时候，便天天去机房捣鼓他的网页。他想把自己喜欢的军事小说整合到自己的网页上，他的"虚拟军事"网页一经发布，就吸引了大量用户，第二天就达到了上百的浏览量。蒋磊很兴奋。他把"虚拟军事"更名为"铁血军事网"（以下简称"铁血网"）。2004年4月，蒋磊和另一个创始人欧阳凑了十多万元，注册了铁血科技公司。期间蒋磊还被保送清华硕博连读学习了一段时间。2006年1月1日，蒋磊最终顶住了家庭和学校的压力，毅然决定辍学创业，正式成为铁血科技公司的CEO。

经过十多年的努力，蒋磊创办的网站已成为具备社区服务、电子商务、在线阅读、游戏等功能的综合平台。2015年11月6日，铁血网正式挂牌新三板，市场估值迅速从4.7亿元飙升到8亿元。2016年，公司加快移动端产品布局，WAP网站、独立APP、微信公众号等产品迅速上线，到2016年年底，"军事头条"APP累计安装用户已超800万，"铁血军事"微信公众号粉丝数超过120万，稳居全品类公众号阅读量TOP 10。据透露，截至2017年年底，其市场估值已接近20亿元。铁血网目前已稳居中国十大独立军事类网站榜首，铁血军品行也成为中国最大的军品类电子商务网站，年营收破亿元，利润破千万元。

思考：1. 年纪轻轻的蒋磊为何能创业成功？它的网站是如何赚钱的？
2. 铁血网的商业模式是怎样的？

第一节　商业模式的定义和种类

1997年10月，亚信总裁田溯宁到美国融资，美国著名的投资商罗伯森·斯蒂文斯（Robertson Stephens）问他："你们公司的商业模式是什么？"当时田溯宁被问得一头雾水。罗伯森举例说："一块钱进入你们公司，绕着公司转了一圈，出来的时候变成了一块一。商业模式指的就是这多出的一毛钱是从哪里来的？"其实罗伯森对商业模式的描述，重点突出的是企业内在逻辑，偏向于企业赚钱的过程，忽视了为客户创造价值的过程。

一、商业模式的定义

如今，学术界对商业模式有着更全面、更客观的定义。商业模式是指为了能实现客户价值最大化，将企业内在和外在所有要素进行整合，从而形成高效率且具有独特核心竞争力的运行系统，并且通过推出的产品和服务，达到持续盈利目标的组织设计的整体解决方案。其中，"整合""系统""高效率"是先决条件和基础，"核心竞争力"是方法和手段，"客户价值最大化"是主观目的，"持续盈利"才是最终的检测结果。确定企业的商业模式，不仅仅是告诉你企业的努力方向，更是指明了通往方向的道路。

对商业模式定义的阐述表明，商业模式内涵正由经济、运营层次向战略层次延伸，即由初期从企业自身出发关注产品、营销、利润和流程，逐渐开始转向关注顾客关系、价值提供乃至市场细分、战略目标、价值主张等。商业模式起初强调收益模式，但是对企业收益来源的追溯导致组成要素的扩展。实际上，对收益来源的追溯使商业模式指向了创业者创业的实质，即抓住市场机会为顾客创造更多的价值。只有满足消费者尚未得到满足的需求或解决了市场上有待解决的问题以后，才能创造真正的价值。当然，企业创造市场价值，必须依靠自身拥有的资源、能力及其组合方式。因此，企业内部资源与外部市场机会的结合是商业模式研究的起点。同时，模式组成要素的扩展也使商业模式的两个特点更加突出。

首先，商业模式注重描述企业的整体性和系统性。它能体现企业系统如何聚焦的实质。商业模式对企业整体的重视，表现为对企业要素组合的关注。而各种要素的创造性组合正是具有企业家精神的创业者发挥作用的结果，这也是必须一再强调的创业行动原则。美国经济学家熊彼特（Joseph Alois Schumpeter）提出的五种创新组合更是明确了不同要素组合在企业创新和创业中的地位。另外，商业模式对系统性的强调，也使得模式的战略性逐渐增强，成为潜在经济逻辑的战略性展开。

其次，商业模式包含价值创造与价值获取两种机制。商业模式是一个综合性概念，它并非指单纯的赢利模式，但也没有抛弃价值获取的内容，而是将价值来源（价值创造）与价值获取有机地结合起来，形成价值发生和获取两种机制在企业内部的平衡。这两种机制也合理地说明了企业内部资源和能力与外部竞争优势的内在逻辑关系。价值创造与价值获取在企业中发生和并存。电子化企业的价值创造由四个驱动因素产生，即新奇、锁定、互补与效率，实际上锁定、新奇这两个因素也是价值获取的重要途径。

我国学者在商业模式研究中也将价值创造与获取结合在一起。

从创业研究来看，创业者被认为是关注机会、追求创新的人，注重获取经济效益而非效率，也就是说创业者凭借创造性地满足消费者的需求来获得回报，并不太注意机会开发过程中的运作效率问题。从某种意义上说，存在重视价值创造而忽视价值获取的倾向。但是，近来的一些创业研究对机会利用效率的重视程度已悄然上升，创业者更加关注在开发利用机会的过程中力争做到效益和效率的平衡。对商业模式的研究则经历了类似的过程，由注重获得收益（获取价值）转向寻求价值创造与获取的平衡。因此，在寻求价值创造与获取平衡的机会的开发过程中，商业模式可以为创业活动提供指导，并成为初创企业要实现的理想目标；商业模式也将成为创业理论研究的重要工具。

二、商业模式的种类

互联网的出现，激发了人们的创新热情，互联网领域也成了创业者的沃土。经过二十多年的摸索，互联网创业基本上形成了以下几种常见的商业模式。

（一）实物商品的商业模式

如果你的产品是某种实体物品，用户可以直接持有和使用你的物品，那么这个产品也就是通常意义上的商品/货物，那么你的商业模式就很简单，基本上就是四种形式。

1. 自己生产、自己销售：自己直接生产并直接销售给用户。
2. 外包生产、自己销售：把生产环节外包出去，自己负责直接销售给用户。
3. 只生产、不销售：自己负责生产，交给分销商销售。
4. 只销售、不生产：自己作为分销商，或者提供销售商品的交易市场。

亚马逊、京东等电子商务网站，就是上述第 4 种商业模式。

（二）广告

如果你的产品不是某种物品，用户不能直接持有和使用，那么你该怎么赚钱呢？下面看看互联网思维下的商业模式。

自从谷歌开始在搜索结果旁边放广告以来，广告已经成了互联网行业默认的首选变现方式。实际上，广告本来是平面媒体的主要商业模式，现在互联网行业已经彻底抢走了广告领域的风头。

1. 展示广告：展示广告的一般形式是文字、Banner 图片、通栏横幅、文本链接、弹窗等，通常是按展示的位置和时间收费。时间收费也就是我们所说的包月广告或包周、包天广告。这是目前最常见的模式。

2. 广告联盟：广告联盟是相对于互联网形式的广告代理商。广告主在广告联盟上发布广告，广告联盟再把广告推送到各个网站或APP里去。百度联盟、Google Ad Sense是最大的两个广告联盟。网站流量在没有达到一定程度时，都会选择跟广告联盟合作，只有达到一定流量后，才会跟确定的广告主直接建立合作关系。广告联盟一般是按广告的点击次数收费。

3. 电商广告：最常见的就是阿里巴巴了，京东、亚马逊、当当都有自己的电商广告，凡客当年也是靠这个突然蹿红的。这些广告一般是按销售额提成付费。很多导购网站，就是完全靠这种方式收入的，特别是海淘导购网站，会接入各个海外购物网站的广告，获得不错的佣金。

4. 软文：软文是指把广告内容和文章内容完美结合在一起，让用户在阅读文章时，既得到了他想要的内容，也了解了广告的内容。很多媒体网站或者微博、微信公众号，都是靠软文赚钱的。

5. 虚拟产品换广告效果：你还可以为用户提供虚拟产品，但是代价是用户必须接受一定的广告。比如看完一段广告、注册某个网站的用户、下载某个APP。

6. 用户行为分析：通过分析用户在你的网站或APP上的操作方式，可以分析用户的习惯和心理，从而有利于在产品设计和商业规划上做出正确的决策。很多企业都需要这样的用户使用习惯的数据，所以这样的数据是可以卖的。淘宝数据魔法就提供这样的服务，比如告诉你什么产地、什么风格、什么尺码的商品最受用户欢迎。

（三）交易平台模式

1. 实物交易平台：用户在你的平台上进行商品交易，通过你的平台支付，你从中收取佣金。天猫就是最大的实物交易平台，天猫的佣金是其主要的收入来源。

2. 服务交易平台：用户在你的平台上提供和接受服务，通过你的平台支付，你从中收取佣金。威客网和猪八戒网就是这样收取佣金的。Uber的盈利模式也是收取司机车费的佣金。

3. 沉淀资金模式：用户在你的平台上留存有资金，你可以用这些沉淀的资金赚取投资收益回报。传统零售业用账期压供应商的货款，就是为了用沉淀资金赚钱。现在这种模式也用到互联网行业了。很多互联网金融企业、O2O企业都寄希望于这种模式。

（四）直接向用户收费

除了广告，另外一大类商业模式就是直接向用户收费。当然，如果前期就收费，很可能会吓跑用户。所以,需要借助一些巧妙的做法。

1. 定期付费模式:这种商业模式类似于手机话费的月套餐,定期付钱获得一定期限内的服务。相对于一次性付费直接买软件,定期付费的单笔付费金额比较小,所以用户付费的门槛相对较低。比如 QQ 会员,就是按月/按年付费的模式。

2. 按需付费模式:按需付费模式是指用户实际购买服务时,才需要支付相应的费用。比如,要在道客巴巴找到最需要的文档,下载要 5 元钱,支付后就可以下载这个文件了。再比如,在爱奇艺视频网站花 5 元钱看一部电影,这是按需付费模式;如果买了爱奇艺的 VIP 用户,在一段时间内所有会员免费的电影都可以看,这就是定期付费模式。

3. 打印机模式:打印机的商业模式是指,先以很便宜的价格卖给消费者一个基础性设备。比如打印机,用户要使用这个设备,就必须以相对较高的价格继续购买其他配件,例如耗材;剃须刀也是采用类似的商业模式,刀架的价格近乎白送,然后通过卖刀片赚钱;再比如家用游戏机,索尼和任天堂以低于成本的价格卖游戏机,然后用很高的价格卖游戏光盘。因为日本打印机公司爱普生首先采用这种商业模式,所以这种商业模式被称为打印机模式。

(五)免费增值模式

免费增值商业模式就是让一部分用户免费使用产品,而另外一部分用户购买增值服务,通过付费增值服务赚回成本和利润。不过一般采取免费增值模式的产品,可能只有 0.5% ~1% 的免费用户会转化为付费用户。

1. 限定次数免费使用:这种模式是指用户可以在一定次数之内免费使用产品,超出规定次数的使用就需要付费了。

2. 限定人数免费使用:这种模式是指用户数量在一定范围之内是免费的,如果用户数量超出这个限定额,就要收费了。比如很多企业邮箱服务,如果你的公司注册了某个域名,打算用这个域名做你的企业邮箱,企业邮箱服务商可以要求 5 个以内邮箱地址免费,超过 5 个邮箱地址就要购买他们的服务。

3. 限定免费用户可使用的功能:免费用户只能使用少数的几种功能,如果想使用所有的功能,就得付费。比如 Evernote,升级之后,每个月可以上传更大的附件,也可以给自己的笔记加上密码。

4. 应用内购买:应用的下载和使用是免费的,但是在使用的过程中,可以为特定的功能付费。最常见的就是在游戏中购买虚拟装备或者道具等。再比如在微信内购买付费的标签。

5. 试用期免费:让用户在最初一定的期限内可以免费使用产品,超过试用期之后就要付费了。比如 Office，免费版试用期到了，就要进行激活，激活就需要购买正版的激活码。

6. 核心功能免费，其他功能收费：App Store 里的 APP，有不少都是这种模式，一个产品分为免费版和收费版。免费版里基本功能都有了，但是要获得更多的功能，就要收费。比如照片处理应用，免费版有几个基本的滤镜效果，但是如果要更炫更酷的滤镜，就要下载付费版。

7. 核心功能免费，同时导流到其他付费服务：比如微信，微信聊天是免费的，但是微信内设置了很多其他服务，游戏、支付、京东、滴滴打车，这些服务都有可能是收费的。

8. 组织活动：通过免费服务聚齐人气，然后组织各种下线活动，这些活动可以获得广告或赞助，或者在活动中销售商品或服务。比如，很多媒体，通过组织线下行业峰会赚钱。还有的地方社区会组织线下展销会、推荐会，比如装修展销会、婚纱摄影秀等销售商品或服务。

所以，既然互联网有这么多商业模式可以选择，创业者就不用太担心这个问题。努力做好产品，努力吸引更多的用户，当用户数量达到一定程度时，再选择一个合适的商业模式，就可以赚钱了。

第二节　商业模式的基因组成与设计方法

一、商业模式的基因组成

由于学者们所界定的商业模式定义存在差异，商业模式的组成要素及其结构也因此表现出多样性，进而由于组成要素差异导致学者们对相关理论的运用也存在明显的差别。目前，主要的商业模式研究是在电子商务领域。早期的研究关注于网络企业如何获取收益的问题，随后的研究有所区别，关注于基于产品提供、价值创造过程、企业构架以及其他变量的模式类型。关于模式组成要素的研究因此也相对丰富起来。

当前普遍认为，商业模式至少应该包含以下九个要素：

1. 价值主张。价值主张是指公司通过其产品和服务能向消费者提供何种价值。表现为：标准化/个性化的产品/服务/解决方案、宽/窄的产品范围。

2. 客户细分。客户细分是指公司经过市场划分后所瞄准的消费者群体。表现为：

本地区/全国/国际、政府/企业/个体消费者、一般大众/多部门/细分市场。

3. 分销渠道。分销渠道是指公司将价值传递给目标客户的各种途径。表现为：直接/间接，单一/多渠道。

4. 客户关系。客户关系是指公司与其客户之间所建立的联系，主要是信息沟通反馈。表现为：交易型/关系型、直接关系/间接关系。

5. 收入来源（或收益方式）。描述公司通过各种收入流来创造财务的途径。表现为：固定/灵活的价格、高/中/低利润率、高/中/低销售量、单一/多个/灵活渠道。

6. 核心资源及能力。核心资源及能力是指公司实施其商业模式所需要的资源和能力。表现为：技术/专利、品牌/成本/质量优势。

7. 关键业务（或企业内部价值链）。关键业务是指业务流程的安排和资源的配置。表现为：标准化/柔性生产系统、强/弱的研发部门、高/低效供应链管理。

8. 重要伙伴。重要伙伴是指公司同其他公司为有效提供价值而形成的合作关系网络。表现为：上下游伙伴、竞争/互补关系、联盟/非联盟。

9. 成本结构。成本结构是指运用某一商业模式的货币描述。表现为：固定/流动成本比例、高/低经营杠杆。

二、商业模式的设计方法

一个有效的商业模式，不是以上九种要素的简单罗列，它们之间存在着有机联系。各要素之间的逻辑关系，可以用图 5-1 表示。

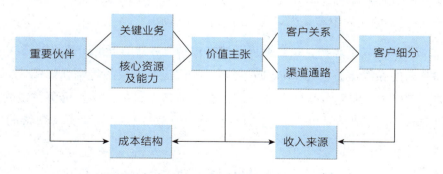

图 5-1　商业模式组成要素逻辑

根据九大要素间的逻辑关系，商业模式的设计可以分如下四步进行：

1. 价值创造收入：提出价值主张、寻找客户细分、打通渠道通路、建立客户关系。
2. 价值创造需要基础设施：衡量核心资源及能力、设计关键业务、寻找重要伙伴。

3. 基础设施引发成本：确定成本结构。

4. 差额即利润：根据成本结构调整收益方式。

值得注意的是，因为客户关系决定于价值主张和渠道特性，核心资源及能力和成本结构往往是关键业务确定后的结果，所以，九大要素中的客户关系、核心资源及能力、成本结构三个要素难以形成商业模式创新。

第三节　商业模式的价值创造

一、商业模式创新的来源

为了进一步阐述如何通过商业模式创新为企业创造价值，沃顿商学院管理学教授拉菲·阿密特（Raffi Amit）和西班牙巴塞罗那 IESE 商学院教授克里斯多夫·左特（Christoph Zott）对商业模式做了清晰的解构，指出商业模式的设计主要涉及三个要素：内容、结构、治理。商业模式创新即是来源于对这三个要素的改变。

1. 增加活动系统的内容，指企业选取或增加新的业务活动。

例如在 20 世纪 90 年代初，IBM 公司从早期的硬件供应商逐渐转变为专业服务供应商，增加了包括业务咨询、IT 服务、解决方案等一系列新的活动。截至 2009 年，IBM 高达 1036 亿美元的收入中有一半以上来自于这些活动。

2. 改变活动系统的结构，指企业以新的方式对业务活动进行连接和排列。

例如著名的在线旅游公司 Priceline 将客户与供应商连接的传统预订模式创新地调整为逆向拍卖模式，即先由客户定义出行方案及准备支付的价格，再由系统为其匹配合适的供应商，直至满意为止。早在 1998 年成立之初，创始人便为其独特的"Name Your Own Price"模式申请了专利。

3. 改变活动系统的治理，指针对任何业务活动，企业改变一个或多个参与方。

例如，特许经营模式就改变了活动系统的治理。日本企业家 Toshifumi Suzuki 早在 20 世纪 70 年代就意识到，美国的特许经营模式非常适用于应对日本政府对零售网点营业面积、营业时间有严格规章制度的情况，便将 7-11 便利店引入日本，并以专业管理及本土化的方式打造新的零售活动系统，为企业创造价值。

二、商业模式创新的着力点

那么，企业如何结合自身情况，提升商业模式创新成功的可能性呢？阿密特和左特教授在研究中确定了商业模式创新中四个相互关联的主要的价值驱动因素，即商业模式创新的四个着力点。

1."新颖"（Novelty）

"新颖"指在整个业务活动系统中呈现一定程度的革新性，即上文提及的，在"活动系统的内容""活动系统的结构""活动系统的治理"方面有所创新。

2."锁定"（Lock-in）

"锁定"指通过特定的活动来提高转换成本或强化激励，从而将商业模式的利益相关者维系在活动系统中。例如，雀巢公司下属的咖啡品牌Nespresso生产和销售一种新的、低成本的咖啡机以及配套的咖啡胶囊，客户一旦购买了Nespresso咖啡机，就需要相应地购买Nespresso咖啡胶囊。该"锁定"商业模式为Nespresso创造的利润不仅来自于咖啡机销售，也来源于咖啡机拥有者在使用咖啡机时对咖啡胶囊的需求。

3."互补"（Complementarity）

"互补"指让商业模式体系内的活动相互依存、连结，以创造更多的价值。例如作为一家线上拍卖及购物平台，eBay要正常运转的关键是建立一个即使卖家没有信用卡服务权限，也允许买家使用信用卡支付的机制。因此，eBay通过收购在线支付公司PayPal来提供该支付功能，从而促成那些本来无法完成的交易。换言之，在eBay的活动系统中，PayPal的加入发挥了增值效应。

4."效率"（Efficiency）

"效率"指重组活动以降低交易成本。例如以零售折扣闻名的沃尔玛设计了一系列业务活动来支持其低成本战略，其中最重要的一项活动是高度精密的物流管理流程（如交叉配送等）。这些流程使沃尔玛保持了低于竞争对手的成本，为其在行业中提供了一项重要的竞争优势。

企业在设计商业模式时，如能充分考虑这几项驱动因素，将大大提升该商业模式创造价值的潜力。阿密特和左特教授的研究还发现，这些驱动因素之间存在显著的协同性，如果将几项驱动因素结合在一起，将能发挥出更大的增效作用。

第四节　商业模式的价值获取

一般而言，不同企业商业模式的价值获取渠道差异性较大，以互联网和IT行业为例，有三种主流的商业模式：产品免费，增值服务收费；产品收费，增值服务免费；产品收费，服务二次收费。

一、产品免费，增值服务收费

这一模式是互联网公司典型的商业模式，无论是Google、腾讯、淘宝、Facebook还是其他互联网公司，很多都是如此。他们一般都会以一种免费的产品作为获取用户的途径，对绝大多数人免费，然后为少部分人提供差别化的增值服务，从而成为其收入来源。也有一些企业对普通用户完全免费，只是依靠向企业收费获得盈利，比如门户网站新浪等。该模式的价值在于服务绝大多数人，让绝大多数人受益于免费。这些企业是高尚的，也是有责任的。

二、产品收费，增值服务免费

该模式是一些IT公司的创新商业模式，比如，惠普公司针对商用笔记本式个人计算机用户推出的"Make It Happen"活动，用户购买惠普商用笔记本式个人计算机的时候，惠普将提供一整套的免费增值服务，包括QuickLook、Power Assistant等。这些增值服务可以帮助提供员工的办公效率，节省办公成本。比如，QuickLook，允许用户不用等待开机时间即可快速收发电子邮件，大大提高办公效率。其实，这种模式是对PC商业模式的变革，改变了PC行业只卖硬件，时刻面临同质化竞争的难题。同时大大提升了企业的效率、帮助企业节省成本的同时，还在帮助企业履行绿色环保的义务。这一模式可以帮助企业提高效率，服务绝大多数人。

三、产品收费，服务二次收费

该模式是以苹果公司的App Store等为代表。苹果公司在销售了iPhone、iPad之后，还向用户推销App Store中的各种软件，而这些软件很多都是需要付费使用的。这样苹果在销售了硬件产品之后,又在硬件平台上卖软件,从而实现了二次付费。而任天堂等游戏公司的商业模式却与之相反,Wii 机器近乎免费地给用户使用,但是用户需要买收费的游戏才可以玩,这种模式的风险很大。苹果公司因为这种二次收费模式成为美国股市的老大,但是这种模式却服务于少数人,一些开发者因此获利,而很多用户却因为双重付费,导致使用 iPhone 的成本大增。

以上三种模式,几乎涵盖了所有的 IT 和互联网公司。每种商业模式下都有很多企业,不能简单地说哪种模式好哪种模式不好,因为不同的产品,面对不同的用户群必须要实施不同的商业模式。此外,创业者们在创业的时候,要考虑清楚这三种模式中哪种更适合自己,这是创业成功的关键。

第五节 互联网环境下商业模式的特征与创新

互联网改变了交易场所、拓展了交易时间、丰富了交易品类、加快了交易速度、减少了中间环节。可以说,互联网颠覆了传统的商业模式,而这些变化主要体现在:❶社群平台替代技术研发作为企业的主要隔绝机制;❷社群成为企业的异质性资源,并对产品设计起到决定性影响;❸跨界协作成为商业新常态。

一、互联网环境下商业模式的特征

1. 互联网带来了厂商组织环境的模糊与"混沌",使厂商的经营处于一种边界模糊、难分内外的环境中。正如美国管理学家汤姆·彼得斯(Tom Peters)认为:"混沌将导致一场革命———一场必要的革命,向我们自以为熟知的关于管理的一切知识提出挑战"。互联网的模糊冲击了传统的产业分工和以往成功的商业模式。

2. 由于互联网时代环境的不确定性,使得厂商的商业模式具有高度的随机性和不固定性,厂商已经没有坚固的堡垒可以依托和支撑,只能求新求变,一切成功的即有模式在互联网时代都很难持续。

3. 互联网推动去中心化(Decentralization)。这不仅相对于中心化媒体,甚至与早期的门户和搜索互联网相比,如今的互联网已经从少数人建设或机器组织内容,然后大众分享,转变为共建共享。自媒体使得互联网的中心原子化,信息发生自传播。微信、微博等更加适合大众参与的服务出现,信息由大众产生、大众参与、大众共有,使得互联网内容的来源更多元化。

4. 互联网时代的商业模式具有极强的不可复制性，没有一模一样的东西，也没有完全相同的商业模式。与之相伴的是，工业经济时代商业模式中很多重要的元素在互联网模式下逐渐消亡。商业模式包含了价值创造的逻辑和商业资源的有效协调，由于互联网时代下价值创造的逻辑发生了变化，商业资源的流向也无法避免地发生改变。分销渠道曾经是商业模式的重要组成元素之一，"渠道为王"是工业经济时代商业模式的主旋律，借助他人的渠道或分销商体系进行销售和配送，是工业经济时代厂商完成价值创造和实现价值增值的基本工具。但是，互联网时代出现"脱媒"以后，供需双方可在没有渠道的帮助下进行互动，比如O2O，通过线下（Offline）的体验然后进行线上（Online）购买，根本不需要中间环节，直接在供需双方间实现交易行为。分销渠道曾经作为商业模式的重要元素，无法起到创造价值和协调资源的作用，自然被互联网时代的商业模式所抛弃。

二、互联网环境下商业模式的创新

互联网时代，商业模式逻辑下的新元素正在逐渐形成。互联网的世界是通透的，无法通过地理的距离形成区域市场，也无法对厂商进行人为区隔，加之互联网具有极强的不确定性，通常一个商业模式只能存活一个厂商，很少有完全相同的商业模式。与此同时，人与人之间的互动变得密切，知识溢出范围增大，知识生产难度下降，从而促使商业模式不断创新，与顾客共同创造价值和跨界协作成为商业模式发展的新趋势。

1. 与顾客共同创造价值

互联网时代厂商与顾客共同创造价值是价值创造的基础。原索尼董事长兼CEO出井伸之认为互联网公司是"顾客平台级公司"，其实质就是要实现消费者行为的被动接受向消费者行为的主动参与的转变。要让顾客参与到产品创新与品牌传播的所有环节中去。而消费者群体也希望参与到产品创意、研发和设计环节中，希望产品能够体现自己的独特性。这就是需求的长尾（The Long Tail）末端，工业经济时代，这部分需求被归类于"闲置资源"。一方面是由于这种需求不易被察觉；另一方面是由于需求量太小，无法形成规模生产。但互联网模式下厂商的感知能力和柔性生产能力获得大幅度提升。长尾末端需求的存在说明了当今市场正在产生从为数较少的主流产品和市场（需求曲线的头部）向数量众多的狭窄市场（需求曲线的尾部）转移的现象和趋势。只要保障好流通与存储，范围经济下的市场份额完全可以和那些以前规模经济下的市场份额相媲美，甚至有过之而无不及。任何厂商越能够满足整个需求，其生存能力和盈利能力就越强。

此外，从边际效用递增角度看，"顾客平台级公司"所主张的社群逻辑使厂商的经营有不同于工业经济时代厂商的做法：❶注重挖掘传统市场边界之外的潜在需求，特别是长尾末端的需求；❷注重超越传统产业市场边界，往往进行跨界经营，推出新产品或新服务处于价值链的高端或具有独特性，具有较高的效用价值；❸注重追求针对社群消费者心理需求与社会需求的效用创新，注重为消费者创造产品的功能价值（需要满足）、情感价值（如品牌知觉与忠诚）、学习价值（经验、知识累积的机会）；❹注重市场顾客的消费体验，强调厂商组织的所有活动都是顾客体验，即从产品研发、设计环节开始，再到生产、包装、物流配送、渠道终端的陈列和销售环节都有消费者体验，以获得边际效用的递增；❺非常重视来自需求方的范围经济，使得消费者之间的效用函数相互依赖，并非相互排斥。

2. 跨界协作

跨界（Crossover）指跨越行业、领域进行合作，又被称为跨界协作。它往往暗示一种不被察觉的大众偏好的生活方式和审美态度。可以说，"跨界协作"满足了互联网模糊原有边界创造新价值的需求。通过跨越不同的领域、行业乃至文化、意识形态而碰撞出新的事物。跨界协作使得很多曾经不相干甚至不兼容的元素获得连接，产生价值。当年索尼还沉浸在数码成像技术领先的喜悦中时，突然发现原来数码相机卖得最好的不是它，而是做手机的诺基亚，诺基亚成了当时成功的跨界者。中国移动、中国电信和中国联通在移动通信市场上打斗多年，有一天蓦然回首，才发现动它们"奶酪"的竟然是腾讯的微信，微信成了移动通信的跨界者。2013年，阿里巴巴做起了金融，长虹电视做起了互联网……如果从深层次分析，不难发现互联网提供了无边界存在的可能性。

从产业层次看，虚拟经济与实体经济的融合，平台型生态系统的商业模式的发展，使得更多的产业边界变得模糊，产业无边界的情况比比皆是。从厂商组织层面看，随着专业分工的日益精细，虚拟化组织大量出现，厂商组织跨越边界成为可能。从知识结构层面看，互联网使信息不对称情况大为好转，使得能够跨越传统产业的跨界人才和产品经理的出现成为可能。

跨界合作不仅能提高产品对环境的适应能力，延长产品寿命，更重要的是在战略上将竞争关系转化为合作关系，从而低成本地进入市场。值得注意的是，作为品牌的生存基础，知名度和忠实用户数量无法通过资本投入直接获得，需要机遇和沉淀。跨界合作所创造的价值与涉及知识的复杂丰富程度、跨界跨度呈正相关，这些与过程中产生的新事物的寿命及其环境适应能力、竞争力也呈正相关。例如，以时装闻名的意大利设计师乔治·阿玛尼（Giorgio Armani）与奔驰合作推出的阿玛尼版奔驰CLK跑车。事实上，跨界者用一种开放式创新提供了企业创新商业模式的机会，尽管可能因为产业不同而存在差异。

思考与训练

思考题

1. 商业模式的种类有哪些？
2. 商业模式的设计过程中，哪些要素是必不可少的？
3. 创业初期，最应该把握商业模式的哪些方面？

案例分析训练题

铜锣湾的 MALL 模式

截至2015年，国内各地上马的 MALL 多达百余家，但运营商们往往都局限于一隅。被手头的几个项目"深度套牢"。而唯有铜锣湾"快马轻刀"，在以旋风般的速度进行着全国性布局。铜锣湾的奥秘在于它独特的商业模式选择。

MALL 是一个专业而复杂的系统。除了房产开发，还涉及定位、招商、功能区规划、系统管理、业主品位筛选等各方面的整体融合，涉足36个行业，其运营比单纯的物业或纯粹的百货商店要复杂得多。国外运营商运作 MALL，总是一板一眼，先从买地开始，设计、规划、施工、招商，一个项目少说也要5年。前几年，商业地产炙手可热，国内许多实力雄厚的房地产开发商纷纷涉足 MALL，基本上就是照搬了国外的模式。

这种标准模式看起来理所当然，但弱点是致命的：一是投资太大，一个 MALL 动辄投资十几亿甚至几十亿元；二是周期太长，实现盈亏平衡至少要5年，要收回全部投资就得十几年甚至几十年。

要让 MALL 在全国连锁，没有比尔·盖茨的钱袋和愚公移山的耐心，谁都投不起，谁也等不及。"所有的开发都要我做，做一个就头破血流了，我这一辈子能做成三个就不错了。"铜锣湾总裁陈智决定给这个行业换种玩法——每个城市都不缺在建和建好的商业地产。而合理规划、快速招商，最终为 MALL 带来人气和客流的专业能力才最稀缺。

开发商们很快发现，坐在谈判桌对面的陈智尽管资本实力不如自己，却比自己还牛。商业地产要求独立一栋或量身定制。首层必须高过5.8米，给人以通透感；层高不要超过3层，逛起来方便；而且要有足够共享空间、景点……否则免谈合作。

同时，他们也发现陈智是如此地不可拒绝——把 MALL 交给铜锣湾规划和招商，5 个月就可以搞定，而自己做却要足足 2 年，光是时间成本就价值几个亿，还不要说铜锣湾带来的人气效应对房价地价的提升。因此对陈智提出的在强弱电设备、装修、品牌推广和租金方面给予优惠和支持的要求，开发商往往把算盘简单一拨便爽快答应下来。

就这样，陈智找到了一种轻资产经营、低成本扩张的模式，这也几乎是 MALL 在中国实现快速扩张唯一可行的路径。

在这种模式下，投资额大大降低，同行运作一个 MALL 的资金，陈智运作 5 个都不止，原本需要 10 多年的投资回收期现在被缩短到了平均 18 个月，而铜锣湾在华侨城和广东阳江的投资，更是不足一年就全部收回。

找准了方向，铜锣湾越走越快，越走越顺，公司对 MALL 的规划、设计、创新能力越来越强，供应商资源越来越丰富，遍布全国各地；根据市场需求变化调整货品种类所需要的时间越来越短，信息化软件进行着精准的商业数据采集，决策信息越来越丰富、可靠……（资料来源：屈腾龙，雷辉. 铜锣湾超限战［J］.《商界：中国商业评论》，2015（05））

问题：
1. 请根据以上材料，分析铜锣湾集团的主营业务、价值主张、模式核心、盈利点等内容。
2. 请进一步分析铜锣湾集团给你的启示。

参考文献

[1] 郭琳. 基于价值链的商业模式创新演进机理研究[J]. 价值工程,2009(10):71-73.
[2] 李新庚. 创新创业基础[M]. 北京:人民邮电出版社,2016.
[3] 刁玉柱. 商业模式创新:理论视角与研究观点评介[J]. 首都经济贸易大学学报,2010,12(4):92-98.
[4] 黄谦明. 论商业模式创新与企业家精神——基于资源基础观的分析框架[J]. 改革与战略,2009,25(8):163-165.
[5] 韩炜. 基于商业模式创建的新企业成长过程研究[J]. 软科学,2010,24(9):95-99.
[6] 刘立,曲晓飞. 基于价值创新的企业商业模式研究[J]. 技术经济,2010,29(11):37-40.
[7] 文亮. 商业模式与创业绩效及其影响因素关系研究[D]. 长沙:中南大学,2011.

第六章 创业融资

视频6
扫二维码 看课程视频

学习目标

- 能分析创业启动资金的需求。
- 了解创业融资的原则。
- 了解创业融资的主要影响因素。
- 了解创业融资的策略。
- 理解创业融资的渠道。
- 了解创业融资的常见问题。

知识导图

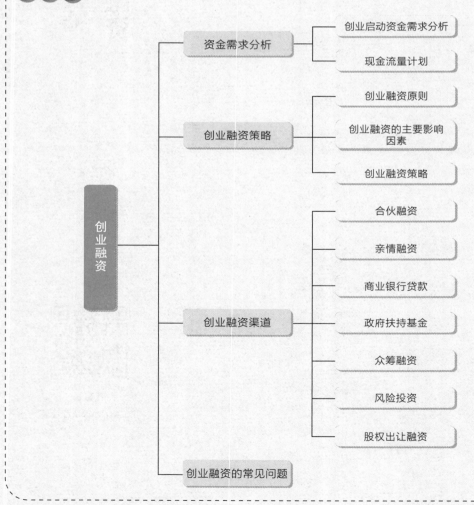

案例导入

林峰的创业梦想

大学生林峰本科毕业后进入一家食品机械公司做销售代表，五年后，凭借自己的勤奋和努力，被公司提升为销售部经理，在业内也渐渐有了些名气。林峰希望能创立自己的企业，做出一番事业。于是他决定辞职，与几位志同道合的朋友开一个专做烧烤机的公司。林峰和他的合作伙伴筹集了 300 万的资金，租赁了厂房，成立了公司，准备开始生产烧烤机。林峰出资最多，且是全职投入公司，他自然出任法人代表。

然而事情并不像大家想得那么简单。首先烧烤机在设计生产过程遇到了诸多难题，环保专利产品的申报工作也相当麻烦。虽然样机生产出来了，但是环保专利、产品批号都批不下来，原计划半年内回笼资金的愿望成了泡影。一年后，所有手续终于都办完了，产品正式开始生产上市。但是因为是新产品，销量一直打不开；即便已经销售出去的烧烤机，用户也诸多投诉。更要命的是，原来筹集的300 万元此时基本用尽，预留的 30 万预备金也都用完了。而赊欠的原材料和钢板钱等还没有还、厂房租金没钱支付、员工工资发不出来……

林峰和几位股东再没有资金投到这个公司。在这种情况下，林峰尽量压缩开支，整天四处奔走或者打电话融资，谈了很多，除了吃饭花了不少钱外，几乎没有任何成效。在融资没什么希望的情况下，林峰和几位股东开了一个散伙会，大家决定申请破产。

林峰的创业梦想就此烟消云散。

思考： 林峰为什么会创业失败？

> **评析：** 从资金角度来看，创业过程中需要多少资金、何时需要、这些资金能支撑多久、如何筹集这些资金等等重大财务事项，必须要有一个清晰的规划，确保企业的发展能够得到源源不断的资金支持。如果缺乏资金的支持，任何优秀的项目或好的市场都难以把握，从而最终导致创业的失败。
>
> "一分钱难倒英雄汉"，资金是一个企业赖以生存的血液，对任何一个企业的任何一个阶段都是至关重要的。创业企业必须有持续的资金投入，保持资金链不断裂，这样创业企业才能生存下来并得以发展。大学生创业，首先要对创业所需的资金进行需求分析。

第一节　资金需求分析

一、创业启动资金需求分析

创业企业的启动资金需要量是创业者在融资前都必须明确的重要问题，因此在筹集资金前，创业者必须先对创业启动资金做一个需求分析。创业启动资金指的是创业项目开办时，购买企业运营所需的资产及支付日常各种必要的开支费用，一般包括：支付场地（土地和建设）的相关费用、办公家具、机器、原材料、库存商品、营业执照、开业前的广告和促销费、工资、水电费、电话费等费用。

一般来讲，创业启动资金可分成三类。

1. 投资（固定资产）

固定资产投资指企业购置的价值较高、使用寿命较长的东西，如：房屋及建筑物、机器设备、运输设备、工具器具等。这些固定资产投资又可以分成两大类。

第一类是企业用地和建筑，主要是指购置的企业用地和建筑物。大学生创业，一般初期资金不足，而购买企业用地和建筑物需要的资金多、成本高，因此这种购买的方式可能性比较小。初创企业办公场地一般采取租赁的形式。

第二类是设备，这一类指的是创业企业需要的机器、工具、工作设施、运输设备、办公家具等。

2. 流动资金

流动资金指企业日常运转时所需要支付的资金，如：工资、租金、原材料、产品储存、库存现金、银行存款、应收款及预付款、保险费、水电费、办公费、交通费、税费等。

3. 开办费

开办费指创办企业所需要的一些办证费、验资费、技术（专利）费、加盟费等。

例如，王某大学毕业后和老乡钱某一起创业，他们决定在某大专院校附近开一个餐厅。参照城市小中档餐厅的建设成本，该餐厅的启动资金需求预算如表6-1所示。

表 6-1 餐厅启动资金需求预算表

资金类别	具体内容	资金需求量（元）
投资 （固定资产）	1. 场地建设 　　包括装修装饰工程投入	50000
	2. 厨房设备 　　包括厨房烹饪加热设备、处理加工类设备、消毒和清洗加工类设备、常温和低温储存设备、通风设备、隔油池等	30000
	3. 餐厅设备 　　包括餐桌椅、碗筷用具等	20000
	4. 其他设备 　　包括餐厅办公室的办公家具、运输设备等	10000
	小计	110000
流动资金 （准备6个月的流动资金）	1. 原材料 　　包括各类食材的备货资金	20000
	2. 租金 　　包括餐厅场地的租金，承租之后需付6个月的租金4万元	40000
	3. 工资费 　　4000元/月/人×6人×6月	144000
	4. 宣传推广和促销费	10000
	5. 水电费、税费等其他费用 　　3000元/月×6月	18000
	小计	232000
开办费	市场调研和菜品开发费、办证费等	10000
	合计	352000

从上表可以看出，对于流动资金的准备，该餐厅启动资金需求预算表采用的是6个月的流动资金贮备。该餐厅要启动，启动资金预计需要352000元。当然，启动资金的预计也是受到很多因素的影响的，比如创业者对风险的喜好程度、所创办企业每个月现金的流入流出预计比率等，所以具体情况还要具体分析。

二、现金流量计划

现金流是企业稳健经营的基础，创业者要非常重视资金的管理，如果出现现金流短缺，又没有事先采取一些防范措施加以补救的话，企业很可能出现资金链断裂，从而导致企业倒闭。适当的资金准备能使企业从容应对各种费用的支付。一般来说，在销售收入能够收回成本之前，微小企业事先至少要准备3个月的流动资金。创业者要学习一定的财务知识，学会制定现金流量计划，明确资金需求，确保现金不断流。表6-2是会计三大报表之一——现金流量表的简化版本，可供创业者参考。

表6-2 简化版现金流量表

项目	金额 月份	1月	2月	3月	……	合计
	月初现金					
现金流入	现金销售收入					
	赊账销售收入					
	借贷收入					
	股东投入收入					
	其他现金收入					
	现金流入小计					
现金流出	现金采购支出					
	赊账采购支出					
	工资					
	宣传促销费					
	租金					
	水电费					
	税费					
	其他现金支出					
	现金流出小计					
	净现金流量					
	月末现金					

第二节 创业融资策略

创业资金做好需求分析后，就要开始考虑如何融资的问题。创业融资在遵循相关原则下，对创业融资的主要影响因素进行分析，然后采取一些合理的融资策略，以期能顺利筹集到创业所需的资金。

一、创业融资原则

为了有效地筹集创业所需的资金，创业融资必须遵循以下基本原则。

1. 合法性原则

为了维护经济市场中交易各方的合法权益，我国监管部门对不同行业、不同渠道的融资方式等都做了相应的规定。创业资金的筹集，必须遵守国家有关法律法规，依法履行约定的责任，维护有关各方的合法权益，避免非法筹资行为给创业企业本身及相关主体带来不必要的经济损失。

2. 效益性原则

创业企业在融资过程中，一方面需要认真分析创业企业的现金流情况，研究筹资效益，避免盲目筹资。同时，融资必然要付出一定的代价，不同筹资条件下的资金成本有高有低。为此，创业企业在确定筹资数量、筹资期限、资金来源的基础上，就需要对各种筹资渠道进行对比、分析，选择经济、可行的筹资渠道取得创业资金，以便降低资金成本，减少风险。

3. 及时性原则

创业企业筹资必须根据企业现金流的预计需求情况，对资金的投放时间予以筹划，合理安排资金的筹集时间，适时获取所需资金。使筹集到的资金既能及时满足企业的生产经营需要。同时，也要避免筹资过早而造成资本闲置，从而导致资金使用成本的上升。

4. 合理性原则

创业企业筹资无论通过哪些筹资渠道，运用哪些筹资方式，都要预先确定筹资的数量。不同时期企业的资金需求量并不是一个常数，因此，创业企业在进行融资决策之初，要根据企业对资金的需要、企业生产经营的实际状况以及融资的难易程度和成本情况，采用一定的方法，预测资金的需要数量，合理确定创业企业的融资规模。

二、创业融资的主要影响因素

影响创业融资选择的因素有不少，主要的影响因素有下面四个。

1. 创业政策环境

创业政策就是政府通过地区、产业及国家促进创业活动的政策。政府的政策和相关的法律法规对创业企业的发展有很大的作用。政府的财政和货币政策、各类金融机构相关规定等，也会影响创业融资选择。创业者对创业政策应保持足够的敏感，要善于抓住其中的机遇和规避其中的风险，合理分析和预测创业企业融资的各种有利和不利条件，以便把握住最佳的融资机会，从而选择出最有利的融资渠道。

2. 企业的发展阶段

企业发展不同阶段的风险状况不同，筹资能力存在很大的差异。企业发展初期，规模小、资产少、风险大、不确定性高、吸引投资的能力有限，而且这个阶段的企业一般也难以承担高额负债成本，一般会比较高度重视企业的内部积累。所以，自筹资金等内源筹资是比较现实的选择。当企业生产经营规模逐步扩大时，内源融资可能无法满足企业生产经营的需要。此时，外源融资将成为保障企业扩张的主要融资手段。

3. 企业所属的行业情况和技术水平

由于不同企业面临不同的行业及竞争环境，即使同样的行业及竞争环境，不同企业也有不同的竞争优势。比如，对于从事高科技产业、技术水平要求高的企业，经营风险较大、预期收益也较高，可考虑直接融资（比如发行股票）的方式。对于从事传统产业类、技术水平要求相对较低的企业，经营风险较小、预期收益也较低，可主要考虑间接融资（比如银行融资）的方式。具有一定竞争能力和发展前景的企业，其吸引投资的能力较强，可有更多的融资选择。

4. 融资的成本和风险

在债务融资中，纯粹的债务在一定时期内的收益是固定的；而在权益融资中，投资者的潜在收益是不受限制的。因此，在大多数情况下，权益融资的成本要比债务融资的成本高。就内源融资和外源融资相比较而言，内源融资的成本相对更低、风险相对更小，而外源融资的成本相对更高、风险相对更大。所以，创业者在融资时，应充分考虑到各种融资方式的成本和风险等特点，从中选择到适合自身需要的融资渠道。

三、创业融资策略

融资策略指的是企业在融资活动中，为了能够实现自己的财务战略目标而采取的具体方法和手段。创业企业了解了创业融资的遵循原则，以及分析了影响创业融资的主要因素后，再根据企业自身的情况采取一些合理的融资策略来助力企业获得融资。

1. 积极利用政策平台

近年来，国家大力倡导创新创业，各级政府出台了一系列针对大学生的创业扶持政策。从放宽市场准入条件、享受资金扶持政策、实行税收减免优惠、提供培训指导服务等方面对大学生创业给予了创业扶持的指导意见。各地政府也相继出台了相关政策、采取了相关行动措施。又比如，各省、各地区均专门成立大学生创业扶持基金，以及大学生创业大赛项目平台，除了创业奖金、大学生创业服务外，还为大学生提供创业信息、就业创业培训。针对于企业的注册、财务、税务、管理、运营等问题，大学生均可以得到不同程度的支持。

2. 结合创业发展阶段，选择合适的融资方式

不同发展阶段的创业企业具有不同的融资需求。企业创业初期，企业基本没有销售收入、资金来源有限、风险巨大、风险承担能力有限、资金相对匮乏。创业者自己或亲朋好友的资金资助、政府资助是种子期重点考虑的融资手段。在企业的成长期成熟期，企业销售迅速增长、企业希望扩大生产线、实现规模效益，便需要大量外部资金的注入。此时，企业可以根据自身的具体情况，考虑吸引风险投资等股权融资渠道，也可选择银行贷款等债务融资渠道。

3. 创新创业项目，吸引投资

创新不足是当前大学生创业者面临的普遍问题。很多大学生在创业时秉承传统的创业原则——从成熟行业做起，诸如娱乐、餐饮、网络服务等行业。而创新基金或风险投资青睐的是科技型高新技术型企业。大学生创业者要想从资本市场获得必要的创业资金，就必须要重视项目创新，包括产品管理服务等各方面的创新。构建起企业的核心竞争力，使其在同类中出类拔萃，持续地吸引资金拥有者向企业投入资金，以满足企业快速成长的需要。

4. 深入分析融资收益和成本

融资成本的实质是资金使用者支付给资金所有者的报酬。企业融资成本包括两部分：融资费用和资金使用费。创业者只有经过深入分析，确信利用筹集的资金所得到的收益要大于融资的成本时，才有必要考虑融资。企业融资成本是决定企业融资效率的决定性因素，对于创业企业选择哪种融资渠道有着重要意义。

5. 合理确定企业的融资规模和融资期限

创业者在进行融资决策之初，要根据各种条件，合理确定企业融资规模。融资过多，可能造成资金闲置浪费，增加融资成本，或者可能导致企业负债过多，使其无法承受，偿还困难，增加生产经营风险。而如果企业融资不足，又会影响创业企业业务的正常开展。

此外，创业者必须做出最佳的融资期限选择。融资期限过长，增加了融资成本与融资风险；融资期限过短，则限制企业的发展。从资金用途看，如果融资是用于企业流动资产，则宜选择各种短期融资方式；如果融资是用于长期投资或购置固定资产，

则宜选择各种长期融资方式。从风险性偏好看，创业者对风险越偏好，就越倾向于用短期资金融通永久性资产；反之，则越倾向于用长期资金融通流动性资产。

6. 慎重挑选合适的投资者

创业融资是一个双向选择的过程。理想的投资者可以存在于以下任何一组投资群体之中：一是友好的投资者，如家人、朋友、未来的雇员和管理者、商业伙伴、潜在的客户或供应商；二是非正规的投资者，如富有的个人；三是风险投资产业的正规的或专业的投资者。

第三节　创业融资渠道

融资渠道指的是企业筹措资金的方向和通道，体现了资金的来源。创业企业采取了一些合理的融资策略，根据所创企业的特点选择合适的融资渠道来筹集资金，这样才可能在更大程度上提高创业的成功概率。大学生创业，多数情况下可能只是拥有一个好的创意，没有成熟的产品，存在较大风险和不确定性，可供选择的融资融道相对来说比较少。大学生创业融资的渠道，主要有以下几种。

一、合伙融资

合伙融资是创业者的"调剂师"。

合伙融资指合伙创业者按照约定出资，约定所占股份。这种融资遵循的原则是：共同投资、共同经营、共担风险、共享利润。合伙人共同出资，几个创业者共同分摊创业所需资金，按出资比例及所做贡献分摊股份。合伙人之间要做好分工，明确职责和权利，并写入公司章程里面。

合伙融资的优点：融资渠道非常普遍，融资周期较短。一般按股份份额出资，据此分配企业职权和收益分配机制，有制度和法律保障，纠纷少。合伙出资创业还能分担创业压力和财务风险等。这种渠道是当代大学生创业者选择最多的创业方式之一，也属于现代企业制度最常见的治理形式之一：股份制管理。

合伙融资的缺点：创业初期，牺牲了部分的决策效率，决策需要达成一致。创业者之间可能会出现权力分配、发展战略与事务决策的分歧，导致矛盾。企业内部容易出现围绕不同创业者的派系等。

二、亲情融资

亲情融资是成本最低的创业"贷款"。

亲情融资指创业者向家庭成员或亲朋好友筹款。这是大学生筹集创业启动资金最常见、最简单且最有效的途径。

亲情融资的优点：筹措资金速度快，一般不需要承担利息（也可以尝试与亲朋好友协商借款，按照银行定期存款利率或者国债利率支付利息，并适当上浮），融资成本低。

亲情融资的缺点：向亲朋好友借钱创业，会给亲友带来资金风险，如果创业失败造成资金损失，还会影响双方感情。这种融资把亲情、友情和金钱搅在一起，有可能会带来更多的麻烦。

三、商业银行贷款

商业银行贷款是创业者的"蓄水池"。

商业银行贷款指借入有期限有利息支出的款项。但由于创业企业经营风险较高、价值评估困难，商业银行一般不太愿意冒太大风险向创业企业提供贷款。这类贷款发放时往往要求创业者提供担保，包括抵押、质押、第三人担保。创业企业一般比较难获得商业贷款，就算获得了，需要按期还本付息，如果企业经营状况不好，就有可能导致债务危机。但是如果家人支持，创业者可用家中现房做抵押取得商业贷款，这种贷款可将其规划为创业启动资金。另外，近些年来，有些商业银行推出一项新业务——创业贷款。该项贷款是专门面对创业企业的。

商业银行创业贷款的优点：利率一般比较低，而且有些地区还有一定的补贴。

商业银行创业贷款的缺点：申请门槛很高，对申请者的要求很严苛。想要获得创业贷款，必须有一个严密可行的创业计划。

四、政府扶持基金

政府扶持基金是创业者的"免费皇粮"。

政府扶持基金指政府提供的各种和创业有关的基金。一是通过申报各高校组织的创新创业训练项目获取项目基金扶持，每个高校资助经费各不相等。二是高质量的创业计划书可以申报国家各类创业基金。如"全国大学生创业基金"等创业基金支持。

三是各地方政府及社会团体每年都举行各种大学生创业大赛，获奖金额从五千元到十万元不等。在校大学生可利用参加比赛获取创办企业的原始启动资金。

政府扶持基金的优点：免费，降低或者免除了融资成本。政府扶持基金利用政府资金，不用担心投资方的信用问题。

政府扶持基金的缺点：基金申请有严格程序要求。政府每年的投入有限，创业者需要面对其他融资者的激烈竞争。

五、众筹融资

众筹融资指创意者或微小企业等项目发起人（筹资人）在通过中介结构（众筹平台）身份审核后，在众筹平台的网站上建立属于自己的页面，用来向公众（投资人）推介自己的项目以获得众人投资的形式。

众筹的平台主要有：众筹网、京东众筹、淘宝众筹、桐梧街、阿里众筹、人人投、苏宁众筹、云筹、合伙中国、优酷众筹等。

众筹融资的优点：低门槛、多样性、依靠大众力量（股东数量多）、融资速度快、注重创意的特征。众筹可以完成传统金融业所无法完成的资源优化配置。融资过程本身成为营销过程，可以利用互联网实现创业项目营销传播。这是近年最新的分散型融资方式之一，也是最具互联网创新意识的融资渠道。

众筹融资的缺点：对项目要求门槛较高；当前相关法律系统不够完善，存在一定的安全风险。有部分大学生只是听说过或者了解过众筹投资，也有部分同学表示对众筹这一投资方式并不信任。

六、风险投资

风险投资是创业者的"维生素C"。

风险投资简称 VC（Venture Capital），指由职业金融家投入的新兴的、迅速发展的、有巨大竞争潜力的一种权益资本。风险投资机构是风险投资体系（由投资者、风险投资机构、中介服务机构和风险企业构成）中最核心的机构，是连接资金来源与资金运用的金融中介，是风险投资最直接的参与者和实际操作者，同时也最直接地承担风险、分享收益。

风险投资是一种股权投资，资本以参股形式进入创业企业。该投资最大的特征是高风险、高回报。风险投资的失败率在80%，很有可能血本无归，但一旦成功可获得超高额回报。网易、百度、阿里巴巴等公司都在创业阶段获得过风险投资的注资。

风险投资的优点：融资的资金量较大，可以有效解决创业资金缺口，还可以借助其完善公司财务与内部管理。

风险投资的缺点：门槛高，不易取得，对企业条件与发展前景要求高。目前大部分大学生创业项目与产品的技术含量并不高（甚至较低），其经济附加值较低、市场竞争力不强、替代品多。因此，对于投资者来说，这些创业项目的投资风险较高，难以引起投资者的关注。而且获得风险投资要经过较多的沟通谈判，难度大，周期一般也较长。

七、股权出让融资

股权出让融资是创业者企业的"助推剂"。

股权出让融资指创业企业出让企业的部分股权，以筹集企业所需要的资金。投资者以资金换取企业的股权后，便使企业股东间的关系产生变化，股东的权利和义务将要进行重新调整，企业的发展模式和经营方式也有可能会发生变化。

股权出让融资的优点：可吸引直接投资、引入新的合作者。

股权出让融资的缺点：对原创业企业的发展目标、经营管理方式产生重大的影响。对于那些想完全掌握企业控制权、完全占有企业收益、完全支配企业生产经营的中小企业创业者来说，股权出让融资并非一条适宜的融资渠道。

以上综合介绍了大学生创业融资渠道的特点以及各自的优缺点。创业者可以根据所创企业的特点选择合适的融资渠道。目前，大学生创业者选择最多的融资渠道是合伙融资和亲情融资。

第四节　创业融资的常见问题

就创业者自身来说，其在创业开始阶段进行融资时极易碰到以下几个常见问题，必须加以注意。

1. 高估价值，低估风险

高估创业项目的价值、低估项目的风险，这种情况一般会出现在过度自信的创业者身上。过度自信的创业者一般会高估创业项目成功的概率，同时出于对融资成本的考虑，会比较倾向于融资成本较低的短期债务。但是从还债的时间来看，短期债务短期内要还款,其资金压力大,所以偿债风险也大,稍有不慎,很容易出现资金链断裂。

2. 急于大笔融资

大笔融资的危险不易察觉。其一,它会带来非常高的期待值。如果你拿到一笔过多的钱,投资者就会对你的初创企业有一个高估值,一旦这种高估值得不到相应的回报,投资者就有可能会撤资。其二,资金本身也许比估值问题来得更加危险。你拿的越多,自然用得越多,而毫无节制的花费对于初创公司来说是一场灾难。过多的花费会使得盈利变得更加困难,或许更糟,它会让公司运营变得不灵活。所以就算你融到了一大笔钱,也请不要急着花掉它。

另外,资金都是有成本的。你融到大笔资金后,如果这些资金一时没有合适的用处,而资金的成本你仍旧还是得承担的,这无疑加大了你的融资成本。

3. 融资时"乱投医"

企业运转每天都要花钱,特别是在初创期,更需要钱。着急融资,这种"病急乱投医"的心理很容易被不法分子利用。不法分子层层诱骗,致使不少企业蒙受损失。创业企业切莫图一时便宜而落入陷阱之中。

另外,在企业急需用钱时,有些初创企业找到民间高利贷,结果由于利息过高而无力偿还。高利贷不但不能挽救企业,更会加剧危机。有些创业者,用银行提供的消费贷款来充当运营资金,其本质也是一种高利贷,要慎重,这种融资方式资金成本非常高。

融资时一定要衡量自己的现金流,具有充分的偿还能力,留出富余的量,不把自己"逼到墙角",也不要做借新债还旧债的美梦。

4. 只接洽一个外部投资者

如果只接洽一个外部投资者,而这个外部投资者不投资你的企业,那么你的初创企业就会陷入困境。所以在你决定要融资后,与投资人接触,并且要同时接触几个投资人,并根据他们给出的估值将他们排序,尽可能拿到融资。

5. 创业团队的股权被过早过度稀释

创业团队的控股权非常重要,一开始就要精打细算,不要随意发放股权(如果做股权激励一定要找对时间节点、控制比例)。股权结构的分散和控制权的丧失,都意味着创业企业决策效率的降低,在某些领域内几乎是致命的。

总而言之,对于大学生创业来说,创业者必须先对创业启动资金做一个需求分析,再根据资金的需求情况进行融资。创业企业融资时,要遵循相关的融资原则和国家相关政策法规。采取一些合理的融资策略,根据所创企业的特点在已有资源和条件上选择合适的融资渠道来筹集资金,合理使用获得的融资资金。这样才可能在更大程度上提高创业的成功概率，实现自我价值。

思考与训练

思考题

1. 创业融资的原则有哪些？
2. 创业融资策略有哪些？
3. 创业融资渠道有哪些？
4. 讨论并编写一份创业启动资金需求预算表。

案例分析训练题

380万元包装物投资助力蒙牛起步

曾担任伊利副总裁的牛根生因为和总裁郑俊怀意见不合，被踢出了伊利。在此之前，牛根生主管全国生产经营，业绩一直特别出色。

牛根生从伊利出来之后，决定和几个旧部下创建一家新乳业公司，其中最大的一片空白不是市场，而是资金从哪里来？牛根生在回忆中说："企业新生时，每走一步都非常艰难，简直是不堪回首。为筹措资金，几个人费尽心机，千辛万苦筹集了900万元，没承想却被人举报，一些穿着执法人员制服的人以'非法集资'为由把几个创业伙伴带走。"

后来，牛根生找到了谢秋旭，他是广东潮州阳天印务有限公司总经理，是伊利利乐包包装物的供应商，牛根生在伊利任负责生产的副总裁时与谢秋旭的关系甚好。

牛根生求助于谢秋旭，谢秋旭当时的资金也不宽裕。他对牛根生说："我以包装物给你投资，蒙牛也算我一份。"就这样，谢秋旭先后给蒙牛投资了价值380万元的利乐包包装物，成为蒙牛旗下公司的最大股东，持有50%的股权，但不参与蒙牛的任何管理和发展安排。

六年后，蒙牛乳业在香港股票交易所上市，谢秋旭成为超过牛根生的最大受益者，身价早已超过10亿。

思考：在本案例中，牛根生获得谢秋旭提供的价值为380万元的包装物投资，这属于什么融资渠道？

评析：在本案例中，对于刚刚起步的创业者来说，既吃不到银行贷款的"大米饭"，又沾不上风险投资"维生素"的光，在这种情况下，只能靠合作伙伴的合伙融资或者家庭成员和亲朋好友的亲情融资才能茁壮成长。

参考文献

[1] 黄远征,陈劲,张有明.创新与创业基础教程[M].北京:清华大学出版社,2017.

[2] 李新庚.创新创业基础[M].北京:人民邮电出版社,2016.

[3] 刘磊.大学生创新创业基础[M].北京:中国水利水电出版社,2015.

[4] 秦印.大学生创业融资策略探析[J].现代商业,2013(8):69.

[5] 廖继胜.创业融资选择的影响因素分析及其策略探讨[J].金融与经济,2007(5):36-38.

[6] 刘宇婧,张迎新,王雨,李平,张立章.互联网时代大学生创业资金来源方式及其利弊[J].现代商贸工业,2016(30):119-120.

[7] 王丹,李达伟.在校大学生创业融资瓶颈探析——以内江师范学院为例[J].职业技术教育,2016(8):59-62.

[8] 张冬忆.关于大学生创业融资的研究——以四川文理学院在校大学生为研究对象[J].经济师,2013(2):90-92.

第七章 创业计划书的编写

视频 7
扫二维码 看课程视频

学习目标

- 了解撰写创业计划书的必要性。
- 掌握创业计划书的核心内容。
- 掌握创业计划书的基本构成。
- 了解利用创业计划书吸引风险投资的方法。

知识导图

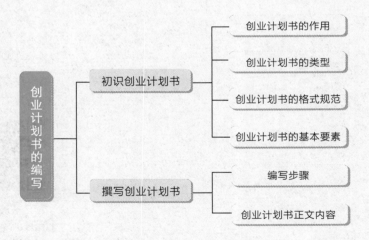

你想表达什么？

乐客独角兽创业小秘书的一个投资人朋友讲过这么一个故事，以前他收到一份创业计划书，看到一大半都非常满意。这个计划书中的内容想法新颖，操作得当，是个一看就能赚钱的项目。然而他看完后总觉得少了什么东西——这位创业者根本没提融到的资金怎么规划！

> **评析：** 如果是一份写给投资人的创业计划书，至少要写明前三年的财务情况，以及后三年的财务状况预测，说明融资计划，资金需求，准备稀释多少股份。资金需求一般做一年规划，这一年项目要达成什么目标，达成这个目标需要多少钱。稀释的股份要少于30%，稀释太多你就成为了打工者，稀释太少投资人可能不太感兴趣。

第一节　初识创业计划书

对于一些有资金需求的创业者来说，可能会制造各种与投资人见面的机会，1999年马云在孙正义的楼下整整等了两个小时，换来了孙正义六分钟的时间，正是这次机缘，才有了今天常被人们津津乐道的佳话。

或许与投资人见面在电梯里、电话里、熟人饭局上，往往简单的自我介绍后，投资人都会说："把你的BP发我看看。"BP（Business Plan）全称为商业计划书，对大学生而言，更多情况下称作创业计划书，它是公司、企业或项目单位为了招商融资和达到其他发展目标，根据一定的格式和内容要求而编辑整理的一个向受众全面展示公司和项目目前状况、未来发展潜力的书面材料，是创业者递给投资人的一张名片。如何在一份计划书上把"你是谁？要做什么？市场和竞争情况如何？怎么做？"说明白，这其实大有门道。

一、创业计划书的作用

创业计划书是创业者计划创立业务的书面摘要,它用于描述与即将创办企业相关的内外部环境条件和要素特点,为业务的发展提供指示图和衡量业务进展情况的标准。创业计划书是市场营销、财务、生产、人力资源等职能计划的综合。

创业过程中,内部外部的环境经常会发生快速变化,我们原先的计划往往不能顺利实施,但不能因此对原先的计划置之不理,甚至不做计划。相反,越是面对快速变化的环境,越是需要周密的计划,需要依据客观事实分析,注意计划的弹性,避免僵化刻板。

撰写创业计划书可以起到三个作用,下面我们进行简单分析。

1. 帮助自己

有些想创业的大学生会有这样的感受,有时候仅仅有一个创业的想法,但却不明白怎么去表达,无从下手;有时候创业项目想清楚了,却无法写清楚;有时候写的也算清楚,但觉得讲起来别人就听不清楚了;有时候一旦将计划写到纸上,那些希望改变自己甚至改变世界的宏伟目标就显得稚嫩天真了。因而撰写一份创业计划书首先就是帮助创业者自己系统思考创业项目的可行性。

2. 帮助团队

一份好的创业计划书是在向团队成员、潜在的员工、投资组织、服务商等传播和沟通企业的愿景和使命。创业计划书重在研究和介绍如何把具有可行性的市场机会转换成赢利的产品或者服务,包括产品开发、营销和企业战略规划的各个层面的计划。在企业创办之前,通过撰写创业计划书向准员工以及相关组织传达企业的经营理念和发展思路,能够更好地凝聚人心,同向而行。

3. 帮助融资

对于很多没有经济来源的大学生来说,创业计划书最明显的用途是募集资金。创业活动与传统的商业活动的最大区别就是始于创意,但缺少资源。一份简明易懂又能够准确表达市场潜在价值和切实可行的创业计划书是外部投资者,尤其是风险投资了解这一项目的途径。目前很多社会团体主办的孵化机构都会要求创业者提供完善的创业计划书。即便大学生创业项目对资金需求不大,找家长或亲戚朋友募集资金,创业计划书也是一个有力的信用凭证。

二、创业计划书的类型

如上所述,创业计划书根据需求对象的不同而有不同的撰写重点和撰写方式,大致可以分为三种:一是经营创业计划书,主要作为创业者事业发展规划的自我参考;二是摘要创业计划书,主要是为了吸引投资者的注意;三是评估创业计划书,是为了满足投资者的评估需求。

案例分享7-1

××语言培训班创业项目计划书

一、项目名称

××语言培训班创业项目

二、计划目的

1. 短期目的:通过开设语言培训机构,吸纳学员,指导教授语言,使本机构成为当地有名气有规模的语言培训机构。

2. 长期目的:逐渐扩大名气和规模,和国外学校组建派遣学习关系,成为与国际接轨的综合语言培训机构。

三、主要内容

1. 培训对象分析

现在中国越来越与国际接轨,很多人因出国而需要语言过级,因业务提升而需要熟练掌握交际外语等。作为综合性的语言培训机构,上述群体为主要的培训对象。

2. 市场预测

创业地点在安徽芜湖,该市经济稳中向好,处在全国最美京福高铁、连接中西的宁安高铁和即将通车的商合杭高铁的中心区位,适宜400万人居住的现代化城市基本框架将随着轻轨的投入更加优化,外资企业发展势头好,出国留学人数也在呈增加态势。而目前芜湖语言培训机构的规模和数量相比同类城市不足,有巨大的市场潜力和利润空间。

就消费需要方面来看,各种语言需求较大,同时需求也呈现出分散的特点;在市场供给主体方面,几乎所有中介和经营机构都呈现出一种"散、小、乱"的特点,因此抓住机遇成立一家专业化的综合语言培训机构,是不错的选择。

3. 生源招收步骤

能不能拥有生源,是培训班成功与否的决定性条件,招生至关重要。招生工作应该做到以下几点:

（1）加大宣传力度，可以通过电视台播放广告、分发宣传单或贴横幅等方式进行宣传。

（2）与学校或企业达成协议，组建培训班。

4．团队机构人员配置

初期人员设置如下。（根据实际运作再调整）

（1）总经理1名；

（2）财务部经理1名；

（3）采购部经理1名；

（4）信息收集员工2名；

（5）各种语言讲师7~9名；

（6）另外选择小组组长若干名（每门语言课设一名小组长）。

5．培训过程

（1）前期培训运作

在这一阶段，要注重教学效果，否则会影响招生数量和培训的资金运作。比如，进行免费试听，教授学生们在外语学习过程中出现的问题及应对技巧，让同学产生对语言的兴趣。

（2）中期培训运作

……

（3）后期培训运作

……

6．财政预算

本项目具有投资资金相对较少、利润回报率较高、投资风险相对较小、社会地位高、现金流良好等显著特点。

按照一般语言机构投资预算，在芜湖创办一个培训班需投资约40万元~50万元。其中办公场所租金8万元/年，装修费用1万元/年，办公用品1万元/年，水电费1万元/年，员工工资15万元/年，宣传费用4万元/年，流动资金10万元~20万元/年。

7．利润来源

利润来源包括学生培训费、网站会员费、教材资料费。学费每年分为4期：暑假期、平时期、寒假期、平时期。每期辅导50小时，平均学费50元/小时，共计2500元/期，10000元/年，每名教师可带10名学生，每名教师每年可获得学费10万元，工资、奖金及其他成本除去6万元，公司净利润4万元。

8．风险分析

教育事业的风险相对较小，保证生源是关键。虽然我们是初次做教育方面，经验不足，但只要我们同心努力，相信成功在不久的未来！

思考：你认为这属于哪一种类型的创业计划书？如果准备实施该方案，你认为还需要完善哪些内容？

提示：投资家们每天会接触到非常多的创业项目，不可能花太多的时间判断每一项投资方案是否具有吸引力，你必须制定一份非常重要的摘要创业计划书，把最能吸引投资者兴趣的内容标识出来，以吸引投者的高度关注，只有这样才能开展进一步的投资洽谈。

摘要创业计划书应该重点向投资者传达以下这样的几点信息：
1. 你的基本经营思想是正确的，是合乎逻辑的；
2. 你的经营计划是有科学根据的和充分准备的；
3. 你有一个坚强有力的领导班子和执行队伍，有能力管理好这个企业；
4. 你清楚地知道进入市场的最佳时机，并且预料到应该在什么时间适当地退出市场；
5. 你的财务分析是实际的；
6. 投资者不会把钱扔到水里。

如果你能简洁清楚地阐述这些内容，那么投资者就会有兴趣了解你的整个创业计划了，因而为了满足实际的需要，你还必须准备一份翔实完整的评估创业计划书。

三、创业计划书的格式规范

创业计划书的写法可以不拘一格，内容上也可长可短，少的两三页，长的几百页。总体来说，创业计划书已经形成了相对固定的格式规范。创业计划书的一般格式及编写规范如下。

1. 封面
封面包括公司名称、地址、主要联系人、联系方式、项目名称等。

2. 摘要
摘要是风险投资者首先要看到的内容，它浓缩创业计划书之精华，反映创业项目之全貌，是全部计划书的核心之所在。它必须让风险投资者有兴趣并渴望得到更多的信息。篇幅尽量简明，语言力求生动。

3. 目录
目录包括创业计划书的各个主要部分。

4. 正文
这个部分一般包括产品或者服务介绍、市场营销、竞争分析、财务规划、管理团队、风险管理、收获和退出等内容，根据创业项目的不同，内容及侧重点都会不同。

每个部分应该清楚地列明标题，甚至是设置二级、三级标题，以易于识别。

5. 附录

一份好的计划书，还可以有附录部分，比如详尽的财务规划、公司创建者和核心员工的完整简历等。

四、创业计划书的基本要素

如果同学们想写一份给投资人或者潜在员工看的创业计划书，那么以下关键性问题必须在计划书中有所阐述。

* 新产品或服务的基本价值是什么？
* 新产品或者服务卖给谁？
* 如何开发、生产、销售新产品或者服务？
* 这个市场有多大？
* 应对现在和未来的竞争者策略是什么？
* 创业团队的构成如何？
* 他们拥有经营企业所需的知识、经验和技能吗？
* 为了筹集资金，需要何种融资方式？
* 资金如何使用？
* 创业者和投资人如何实现收益？
* 可能遇到的风险有哪些？
* 投资何时和怎样撤出？（公开上市或并购的退出战略）

这些问题不仅是投资人感兴趣的问题，也是创业者必须面对的问题。

第二节　撰写创业计划书

上一节同学们对创业计划书有了大致的了解，下面我们介绍创业计划书编写的步骤和各部分的撰写要点。

一、编写步骤

创业计划书的编写可以分以下步骤进行。

第一阶段是学习：借鉴学习各种创业成功案例，并分析成功和失败的案例中，创业计划书对创业的影响，收集与自身创业有关的各种信息，为创业做好准备。

第二阶段是构思：创业之前需要对准备创业的企业有一个明确的想法，用精练的语言将这个想法描述出来。

第三阶段是调研："没有调查就没有发言权"，确定市场调研目标及对象，确定收集信息的类型和收集的方法、直接进入市场选取抽样案例、亲自收集信息、对资料进行处理和分析、编写市场调研报告。

第四阶段是起草：按照正文的各项内容写好全文，加上封面、附录等。

第五阶段是统稿：按照格式规范，对正文内容中项目介绍、行业分析、产品或者服务介绍、团队管理、市场预测、营销策略、财务规划、风险管理等进行梳理、组合排序，让整个文本通俗易懂、便于理解。如果是团队多人参与撰写，还要注意前后叙述要保持一致。

第六阶段是完善：将各部分的要点提炼出来形成"摘要"，放在封面之后。对创业计划书进行文字校对、页码排序、装帧装订。

二、创业计划书正文内容

1. 封面

封面的内容大同小异，但设计要有艺术性，精致的封面会给投资人留下美好的第一印象，封面上也可以加上企业的标志、项目或者产品的图样。

2. 摘要

摘要是整个商业计划书的"凤头"，尽管它出现在计划书的开头，但它通常是最后写成的。摘要是对项目的总体情况作简短清晰的概括，一般会涉及以下内容：所处行业、经营范围、主要提供的产品或服务、产品或者服务的市场、顾客需求、企业的合伙人和投资人、企业的竞争对手、如何投资、投资的数量和方式、投资回报以及安全保障等，对于摘要的内容，要反复推敲，精益求精。

在摘要部分可以附带说明下企业愿景和核心价值观。愿景是企业长期的发展方向、目标、自我设定的社会责任和义务，明确界定公司在未来社会范围内是什么样子。愿景是蓝图，是方向，是内在动力，甚至可以说是企业的信仰。企业核心价值观是指企业在长期的生产经营中逐渐形成的组织成员或群体成员分享的统一的价值观念，对企业文化的形成起到决定性的作用。

案例分享 7-2

你的创业初心就是最好的商业计划书
——四位互联网企业家对于创业的感悟

马云：做企业就应该要有使命和价值观。创业是为了什么？在阿里十周年的时候，我意识到商道的根本在于诚信的积累，我的一切目的都是为了获得信任，获得社会、客户、员工、股东对我的信任。

柳传志：创业，为了看看自己的能力，体现自己的人生价值——这就是初心。

雷军：创业心态的本质是什么，就是要做自己觉得酷的产品，就是要享受这个过程。

李彦宏：并不是每个人都适合创业。最成功的创业者创业的初衷不仅仅是为了赚钱。

思考：四位互联网企业家的言论对我们在拟定创业愿景和核心价值观有什么启发？

3. 产品或者服务介绍

描述企业的产品或者服务能解决的核心问题、给顾客带来的价值，以及预期能实现的目标。说明要准确而且要通俗易懂，即便不是专业的人员也能明白。一般的产品或者服务介绍都要附上产品的原型照片或其他说明资料。

具体而言，产品介绍必须要回答以下问题，顾客希望企业的产品能解决什么样的问题？顾客能从企业的产品中获得什么好处？企业产品与竞争对手的产品相比，有哪些优缺点？顾客为什么会选择本企业的产品？企业为自己的产品采取了何种保护措施？有哪些专利、许可证？或者与已经申请专利的厂家达成哪些协议？

如果是大学生创立一些以技术研发为重点的高新技术企业，还要对相关技术及企业研发情况进行分析，包括企业技术的来源、原理、专利申请、技术先进性、技术可靠性、技术发展趋势等。

这一部分中还应该包括企业的基本情况，如企业的法律形式、当前的所有权结构、财务状况等，没有哪个投资人愿意向一个存在所有权纠纷的企业投资。

案例分享 7-3

华为的核心竞争力在哪里？

1. 质量是企业生存的基础

华为基本法明确规定："我们的目标是以优异的产品、可靠的质量、优越的终生效能费用比和有效的服务，满足顾客日益增长的需要。质量是我们的自尊心。"

2. 高额投入是质量的保障

研发投入是高质量的保障,华为的研发投入一直超过年收入的10%,而基础科学研究占研发投入的30%。

3. 专注为质量管理指明方向

产品的高质量和企业战略的专注有密切关系。华为二十多年来只做和通信有关的事情,一切只为产品质量和科技含量的提升。

4. 多赢是质量的供应链保障

在互联互通的时代,产品的质量保障需要企业上下游各方的共同合作,任何一个环节的失误,都会导致产品质量的问题不断。华为上不碰应用,下不碰数据,只专注于平台建设,给合作者留下足够大的发展空间。

5. 忧患意识是质量的初心

任正非具有超强的忧患意识,华为的最高目标是活下去。作为一家技术导向型的公司,华为从公司成立开始,就坚持技术创新不动摇。最能体现任正非前瞻意识的是,他提醒华为管理层:"未来5~8年,会爆发一场专利世界大战,华为必须对此有清醒认识"。

思考: 华为对质量的关注,对我们在创业计划书中介绍产品和服务有什么启发?

4. 市场营销

创业者为企业的产品或者服务认真地进行了调查,并且有证据显示,这种产品或者服务有着巨大的潜在市场,会有消费者或者其他的企业打算购买它。这部分的典型问题可能有以下几个:该行业的发展程度如何?现在发展动态如何?创新和技术进步在该行业扮演着怎样一个角色?该行业的总销售额有多少?总收入有多少?价格趋向如何?国家政策对该行业的影响程度如何?进入该行业的障碍是什么?该行业的典型回报率有多少?

案例分享7-4

史玉柱亲笔写的脑白金策划方案

第一部分 总体

第一章 基本方针

保健产品的核心是取得消费者对产品功效的信任。我们的基本方针:采用"伏击"战术来达到不暴露商业的目的,宣传功效。

第二章 营销手段

主要手段:软文、书摘、4秒科普专题片。

重要手段：寄书、终端、2秒专题片、硬广告、促销活动。

辅助手段：电视品牌广告、推拉、电台专题片、小报。

第三章 市场启动步骤

论证阶段：外部环境论证，媒体价位论证

……

第二部分 基础工作

……

第三章 市场调查

一、目标和任务

正确认识现有市场和目标消费人群；了解公司宣传手段等实际效果；分析影响购买的因素，找出能挖掘新消费群，提高回头率的办法，用调查结果验证并完善策划方案，指导市场的运行。

二、调查内容

1. 市场导入期

（1）媒体调查（按年龄段来分）

① 多少人看报纸，什么人看报纸；

② 多少人看电视？看什么台？什么人看？什么时间段？看哪类型的节目？

（2）消费人群调查：习惯、消费需求、找出目标消费群特征；

目的：根据调查结果来选择媒体。

2. 市场成长期

（1）消费者调查

调查已购买人群：目的是了解促进购买因素、是否会继续购买、购买产品的信息来源、了解消费者的购买心理，用调查结果来验证策划方案；

潜在购买群：调查知名度，对产品的印象，不买的因素等，调查结果可用来验证完善方案策划。

（2）宣传手段调查

各种已采用的宣传手段对消费者的影响程度，对消费者影响较深的其他厂家宣传手段是什么。

目的：分析哪种宣传手段最有力；每种宣传手段的到位率及优缺率。

（3）保健品市场调查

销售情况：谁销得最好，为什么销得最好；

宣传手段：从宣传手段上分析销得最好的，有什么地方值得我们借鉴，并提出合理化建议。

目的：取长补短，完善策划方案。

三、要求

1. 人数要求：小型市场调查提足样本 100 人以上；
2. 数量要求：每月 1~2 次市场调查；
3. 每次市场调查要有一个详细的分析报告，并提出解决办法和合理化建议；
4. 每次市场调查要提前一周做好计划，每次都要有统一的调查问卷、礼物、示范语等。

四、调查方法

1. 面对面调查；
2. 用电话调查、采访登报、电视播放进行寄信有奖调查。

思考：你认为脑白金的市场调查方案好不好？好在哪里？如果放在今天的互联网时代又好不好？

5. 竞争分析

这部分要通过识别当前竞争者、潜在进入者来构建竞争优势。

创业企业可能面临着两方面的挑战：一是现有企业用现有产品构造的竞争屏障，二是企业存在潜在的竞争者。如果是创新的产品或者服务，需要说明本企业与现有解决方案存在哪些差异，如果本行业已经存在着大量的竞争者，可以简单列表比较产品和技术之间的不同进行分析，但是必须客观公正，包括如实评价自身企业在技术和运营能力上的不足。

6. 财务规划

这部分应该为潜在的投资者提供一份清晰的规划，新企业将如何使他已经拥有的持续经营所得的以及投资者所提供的资源向既定的财务目标迈进。

财务规划一般包括现金流量表、资产负债表及利润表。流动资金是企业的生命线，在企业初创或扩张时需要对现金流量预先有周详的计划，对资金使用过程要严格控制。利润表反映的是企业盈亏情况。它是企业在一段时间运作后的经营结果。资产负债表是反映在某一时刻的企业状况，投资者可以用资产负债表的数据来衡量企业的经营状况，以及可能的投资回报率。

对于处于种子期的高科技企业来说，当企业拥有技术许可时多数投资人不需要他做出未来三年经营收入的财务计划。一般只需要做出半年到一年左右的两三项关键指标的预算即可，告诉投资人在项目成功的情况下，长期的潜在收入预测数据。这些数据反映了种子期投资人所关注的最核心问题，也就是保证存活下来直到创造价值需要投入多少钱？由此承担的风险将获得多大利益的回报？

7. 管理团队

有些投资人在阅读创业计划书时，首先从团队开始入手。宁愿投资具有二流创意的一流团队，也不愿意投资具有一流创意的二流团队。

社会发展到今天，人已经成为最宝贵的资源，这是由人的主动性和创造性决定的。企业要管理好这种资源，需遵循科学的原则和方法，在计划书对主要的管理人员加以阐明，介绍他们所具有的能力，他们在本项目中的职务和责任，以及他们过去的详细经历及背景。

同时对拟组建的公司做一个简要的介绍，包括组织机构图、各部门的功能与责任、各部门的责任人与主要成员、报酬体系、股东名单以及股权比例等。如果是技术型高科技企业，优秀高层管理团队的特征应该是具备先前的创业经验、完善的专业知识和明确的工作分工。

8. 风险管理

创业计划书除了预测企业良好发展的一面，还要充分考虑发展不利的因素，特别是新产品或者服务开发中容易发生错误的地方，并提出将怎样应对这些风险。

风险可能有来自外部的，如已有企业造成的风险；也有内部的，如产品的设计研发、原材料的获取；有可能是市场层面的，如新技术的运用；也有可能是政策层面的，如国家的宏观调控。

案例分享 7-5

2 年败光 50 亿，"腾百万"的失策

2014 年 8 月 29 日，腾讯、百度、万达三大巨头联手宣布成立万达电商公司，总投资 50 亿元。万达持股 70%，腾讯和百度分别持股 15%。三方宣告，计划五年投资 200 亿元，打造全球最大 O2O 电商公司。

万达是实体经济的佼佼者，百度掌握着互联网最大的搜索引擎，另一个腾讯则拥有着最大的互联网社交软件，可谓是强强联合。2014 年 O2O 盛行，关于这样一场线上线下的全渠道合作被看好。

2015 年 3 月 28 日，在宣布合作后历时近 7 个月，耗资 50 亿打造的万达电商平台"飞凡网"正式上线试运营。两年内，飞凡网暴露出种种问题：产品数量少、内容单薄、页面不丰富等，跟财大气粗的"腾百万"气质完全不相符合。此外，还出现了换帅风波。2015 年 6 月 3 日万达电商 CEO 董策被传离职，而我们要说的故事就是当年董策给王健林做的创业计划书。

董策经历了万达电商最辉煌的时刻。他带领团队用 40 天把万达的 11 个业态弄清

楚，它的需求是什么，流程是什么，问题是什么，跟互联网怎么结合，跟其他业态怎么结合，如何整合到一起，然后做成 1000 页 PPT，进入万达面试，过关斩将后掌门万达电商。董策说汇报时的 PPT"可以说全是干货，一个字的废话都不允许有。不是每个人都在互联网领域，PPT 讲解要通俗易懂，还要把一些数据附带说明，所以这 1000 页带着大量附件。在万达作汇报，首先是要把事情讲清楚，如果想看细节，再点击附件。他（王健林）可以不问，不允许你不准备。给他讲的时候，我用了两个小时，但不是这 1000 页，是压缩到 200 页。""向王健林汇报，讲到第 15 分钟的时候，王健林打断说，那就是他要的东西。"

思考： 为什么一个经验丰富的团队用 40 天 1000 页做成的被大家寄予厚望的创业计划书在落地后却最后无疾而终呢？

9. 收获和退出

任何创业企业发展到一定阶段都存在创业者与投资人的退出及投资回报的问题。这一部分需要描述创业者如何被取代，以及投资者退出战略，及他们如何收获资助企业带来的利益。

初创企业可能更多考虑退出机制，主要是防止中途有人退出影响整体公司发展。如约定多少年之内不能退出，如果退出，投资的钱按照什么方式进行支付，或者由另外投资人优先收购，退出机制是为了保护大家的合法权益，同时又不要为个别人的投资退出影响公司的发展。

需要多轮融资的企业，可能更多需要设计上市、并购、管理层收购时的资金退出方案。

大学生在撰写创业计划书时，首先要符合自己的实际情况，做到心中有数，切实可行；其次，计划要量力而行，创业不可能一步登天，要根据自己的财力、物力、特长、管理能力，综合考虑，从小做起，不要铺得太大，脚踏实地去发展自己的事业；再次，要了解市场行情，要做好充分的市场调查，了解最新的信息，掌握顾客的心理；最后，还要做好投资者的风险投资分析，要尽可能客观公正考虑各种影响因素，保持头脑冷静，不能用投机的心态进行投资分析。

案例分享 7-6

ofo 老板戴威，21 岁当北大学生会主席，24 岁负债 600 万

ofo 成立于 2014 年，创立于戴威研究生期间。戴威多次公开表示，在青海省大通县东峡镇支教的经历是他后来成立 ofo 的源动力。那时的他每个周末都要骑着一辆山地车往返于县城和小镇之间，自此爱上了骑行。

回到北京之后，戴威开始和几个骑行爱好者开展他们的"自行车事业"。团队最初

做骑行旅游，拿了 100 万天使投资，但很快就发现"太烧钱"了。戴威团队马不停蹄地寻求下一轮融资。然而，在跑了将近四十个投资机构后，没有一家机构愿意投资他们。"到 2015 年 4 月底的时候，账上彻底没钱了，大概还剩四百块吧，确实是发展不下去了。"戴威说。

但是戴威没有放弃，再一次找到了投资人借了 100 万。仅仅过了 5 个月，又一个 100 万就花完了；而 ofo 共享单车项目还是融不到钱，只好又借了 500 万，团队至此已经背了 600 万债务。

熬过了 2015 年的负债前行、艰难度日，2016 年 ofo 的发展速度就像"开挂"一样。

2015 年

3 月，天使轮，数百万人民币！

12 月，Pre-A 轮，900 万人民币！

2016 年

2 月，A 轮，融资 1500 万元人民币！

8 月，A+ 轮，1000 万元人民币！

9 月，B 轮，1200 万美元！

9 月，B+ 轮，数千万美元！

10 月，C 轮，1.3 亿美元！

2017 年

3 月，D 轮，股权融资+债权融资 4.5 亿美元！

4 月，D+ 轮，数亿元！

7 月，E 轮，7 亿美元！

2018 年

3 月，E+ 轮，8.66 亿美元！

经过几轮融资之后的 ofo 从那个只有几个员工，随时面临倒闭危险的小公司一跃成了估值近百亿的"香饽饽"，戴威毕业不到半年即身价达 50 亿，成为中国名副其实的最富有的 90 后之一，全靠自我奋斗。

思考： 你认为 ofo 每轮融资使用的计划书会一样吗？如果不一样，它的侧重点会有什么变化呢？

案例分享 7-7

无人飞行器农业植保创业计划书

（编者注：安徽机电职业技术选送第二届安徽省"互联网+"大学生创新创业大赛金奖项目，组别：成长组；作品类型："互联网+"现代农业、制造业。凭借初期创业的积累，该项目在大赛之后拿到一笔500万元的融资。）

（节选）

目　录

绪论　　安徽金灶沐信息技术有限公司简介
第一部分　植保业务背景
第二部分　植保无人机的市场现状
第三部分　植保技术发展路线图
第四部分　植保市场运营策略
第五部分　植保团队核心成员
第六部分　植保资金财务规划
第七部分　金灶沐植保发展风险分析
第八部分　我国自动化农业调研简介
第九部分　生产、施工图片及视频展示
……

本项目利用高科技无人飞行器的机动性、便利性、高效性特点，同时结合自动化喷洒系统和施肥系统的优势，服务于现代农业产业。项目集研发、制造、销售、售后、成立飞保队、租赁机器、保险金融、飞手培训于一体，拥有清华大学博士等高水平的研发团队、成熟的电商团队，瞄准中国巨大的农林植保市场。截至目前，已经在山东青州、江苏盐城、安徽蚌埠、安徽宿州等地进行了第一期的植保服务。与山东中装智能达成战略合作协议，为其出口的50台无人飞行器植保机提供技术援助和培训指导。与南京航鹰职业培训学校建立人才输送战略培养协议。

我们决心致力于为"互联网+"农业植保工作，为科技兴农、扶贫攻坚、全面建成小康社会贡献智慧和力量！
……

第三部分　植保技术发展路线图

没有一家农业植保无人机在技术和市场占有率上形成领军优势。我们认为，在接下来的一年里会有更多商家加入，但经过三年左右的时间，技术上将会有几家拥有核心优势，形成技术壁垒，与此同时建立起自己的商业壁垒。

因此，我们分别制定了技术发展路线图和市场运营策略。

一、技术发展路线图

1. 试验机发布：2016年5月

功能：可完整实现一般飞行控制及农药喷洒功能。

技术：实现同市场主流商家相同的技术层级。

2. 一代机发布：2016年12月（图7-1）

功能：增加航线自动规划、失控返航、地形跟随等航行进阶功能；断点续喷、电量提醒、航线存档等记忆功能；荷载达到15kg，续航时间为20min。

3. 二代机发布：2017年12月（图7-2）

功能：增加自动避障，加大续航及荷载；进一步增加荷载，达到20kg量级，提高整体运行稳定性。

技术：基于前期对飞控的使用，筹划研究自建飞控，增加系统冗余，提高调试稳定性，增加自动避障等高级模块，提高飞行稳定性。

图7-1　一代机　　　　　　图7-2　二代机

4. 三代机发布：2019年12月（图7-3）

功能：提高自动化水平，减少人工干预，继续加大荷载及续航能力，进一步提高机体控制稳定性，机身机构模块化，减少维护成本。

技术：基本搭建自有核心技术体系，形成全方位的技术壁垒。

……

图7-3　三代机

第四部分　植保市场运营策略

市场运营策略包含两块，分别是飞防专用农药合作研发及市场运营策略。

1. 飞防专用农药合作研发

无人机飞防作业需要适合无人机的专业的药剂与助剂，一旦飞防市场打开，装备的变化、施药方式的变化必然促使农药行业发展方式变革。

2015年，农药行业龙头企业浙江新安化工集团股份有限公司投资3000多万元，其中1350万元用于投资安阳航空全丰植保科技有限公司，2000万元用于成立农飞客农业科技服务有限公司，开始了植保无人机布局。肥料行业领军企业金正大生态工程集团股份有限公司携手深圳市大疆创新科技有限公司，也在植保无人机领域布局。近年来，江苏克胜集团一直注重适用于飞防的药剂和助剂的开发，目前已成功开发17种相关的药剂和2种专用助剂。

金灶沐植保自2016年10月一代机研发已经基本完成，将开始同国内部分农药厂商合作使用及初步研发飞防专用农药，以弥补现有农药需兑水使用、农药沉淀损失高、雾化效率不高等问题。通过专用农药的使用和研发确保喷洒质量，助推农药绿色化，减少农药浪费和污染。

2. 市场运营策略

目标为农林植保提供成套解决方案，包含农药、喷洒、病虫害监测。但具体运营策略应根据市场进展灵活调整，以下为基本规划。

第一阶段为植保机销售为主，成套解决方案提供为辅。主要精力和收入来源为植保机直接销售和销售渠道拓展；同时以村为单位提供农林植保成套解决方案，核算成本后，签约防治，农田病虫害防治由我们公司全责。

第二阶段为在条件成熟的县开设服务中心。服务中心提供本县植保机销售、售后以及本县适宜地区的飞防解决方案。服务中心形式为入股式加盟，我公司同加盟商各占据一定股份，从而减少资金压力，并在一定程度上增加了其他厂商的模仿壁垒。

我们认为在国内的农业创业核心技术同商业策略不可有一个偏废。农民是讲究实效的，病虫防治无效则无论多好的商业策略都是没用的；行业竞争是讲究效率的，不完整或者闭塞狭隘的商业策略可能短期会有盈利，但长期来看注定是没有生命力的。

3. 互联网营销与社群商务建立

互联网已经成为人们生活中必不可少的部分。小到网购消费，大到工业制造已然离不开互联网的助力。为了更好地推进项目的进展，我们将在2016年年底之前完成对于销售、售后、农业知识为主题的互联网矩阵。在制造过程中利用远程红外跟踪、远程数据影像传输和互联网追踪及定位等功能。营销售后环节将通过微博、微信公众平台等建立社群商务系统（已在建立中）。如图7-4所示。

图7-4 微信公众平台截图

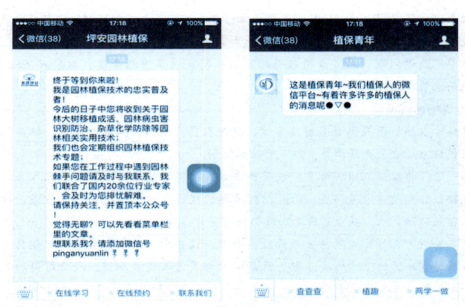

图 7-4　微信公众平台截图（续）

……

第六部分　植保资金财务规划

对应于业务实际需求，自 2016 年 5 月至 2020 年 6 月的资金需求情况如表 7-1 所示。

表 7-1　资金需求表

阶段	公司启动期	天使资金期	A 轮	B 轮	C 轮
时间	2016 年 5 月—2016 年 9 月	2016 年 10 月—2017 年 4 月	2017 年 5 月—2017 年 12 月	2018 年 1 月—2018 年 12 月	2019 年 1 月—2020 年 6 月
资金需求	30 万元	500 万元	3000 万元	1.5 亿元	8 亿元
融资方式	自筹	股权融资	股权融资	股权/债务	债务
股份出让	0	10%	15%	10%	0
整机销售数量	0	20	300	2200	11000
签约飞防面积	0	0	10 万亩	220 万亩	1200~1800 万亩
核心任务	试验机研发	一代机研发 飞防效果迭代优化 飞防试点建立	一代机量产及销售 建立飞防样板村 二代机研发	二代机量产机销售 建立县级服务站 签约飞防	深层次优化供应链，自建工厂 提高市场占有率 建立 200 个县级服务中心

（续）

阶段	公司启动期	天使资金期	A 轮	B 轮	C 轮
核心任务				优化无人机配件及专用农药供应链 三代机研发	加大签约飞防面积 提高植保服务应收占比
营业收入	0	116 万元	2040 万元	19410 万元	91800 万元
营业成本	25 万元	570 万元	4160 万元	18200 万元	124000 万元
营业利润	-25 万元	-454 万元	-2120 万元	1210 万元	-32200 元
资金使用	试验机搭建测试（25 万元） 办公场所及设备（5 万元）	一代机研发（230 万元） 首批生产30台机器（90 万元） 实际喷洒迭代优化（20 万元） 飞防专用农药合作使用及优化（10 万元） 管理及销售成本（220 万元）	一代机量产400台（1200 万） 零配件及农药供应链（360 万） 20~30个信天翁飞防样板村（200 万） 1个县级服务站（100 万） 二代机研发（1200 万） 管理及销售成本（1100 万元）	二代机量产2500台（7500万） 原配件及农药供应链优化（3200 万） 建立县级服务中心10~15个（1000 万） 管理及销售成本（3100 万） 品牌形象宣传及市场费用（1500 万） 飞控迭代研发（2000 万）	供应链优化，自建工厂（40000 万） 建立县级服务中心200个（20000 万） 市场推广成本（10000 万） 三代机研发（2000 万） 三代机量产12000台（36000 万） 管理及销售成本（16000 万）

1. 公司启动期：2016 年 5 月—2016 年 9 月

概述：本阶段主要目标为搭建试验机，完成团队核心成员组建，确认商业框架。

营业收入：0

营业利润：-25 万元

资金需求：30 万元

资金使用：试验机搭建测试（25 万元），办公场所及设备（5 万元）。

2. 天使资金期（天使轮）：2016 年 10 月—2017 年 4 月

概述：本阶段主要目标为完成一代机的研发和测试，培训 20 名飞手，开展实际喷药。同当地政府，农机公司洽谈，收集产品需求，进行一代机的优化和迭代。同农药企业建立初步意向，测试市场上已有的飞防农药效果。

营业收入：116万元

营业利润：-454万元

资金需求：500万元

资金使用：一代机研发（230万元）；首批生产30台机器（90万元）；实际喷洒迭代优化（20万元）；飞防专用农药合作使用及优化（10万元）；管理及销售成本（220万元）。

3. 初步运转期（A轮）：2017年5月—2017年12月

概述：通过前期对一代机产品、飞防农药、政府及农机公司的资源准备，开展实际业务工作。增加销售团队规模，进行产品的推介和销售，并开始以村为单位进行飞防解决方案试点，搭建金灶沐飞防样板村。目标销售整机300台，公司合作飞防面积10万亩，合作飞保队5~10个。并开始进行二代机的研发。

营业收入：2040万元

营业利润：-460万元

资金需求：3000万元

资金使用：一代机量产400台（1200万）；零配件及农药供应链（360万）；20~30个金灶沐飞防样板村（200万）；1个县级服务站（100万）；二代机研发（1200万）；管理及销售成本（1100万元）。

4. 加速运转期（B轮）：2018年1月—2018年12月

概述：经过一年半的市场信息收集和反馈，金灶沐对植保机、飞防农药、植保市场运作均有一定的积累，利用前期积累的经验开始谨慎地进行规模化运转。本阶段完成对二代机的迭代研发，植保效果已有合理论证。从销售设备慢慢转向签约解决方案。目标销售整机2200台，建立县级服务中心10~15个，公司签约飞防解决方案面积220万亩；在行业内形成一定的影响力和话语权。并开始对三代机进行迭代研发。

营业收入：19410万元

营业利润：1210万元

资金需求：15000万元

资金使用：二代机量产2500台（7500万）；原配件及农药供应链优化（3200万）；建立县级服务中心10~15个（1000万）；管理及销售成本（3100万）；品牌形象宣传及市场费用（1500万）；飞控迭代研发（2000万）。

5. 高效运转期（C轮）：2019年1月—2020年6月

概述：经过三年时间的市场培育和积累，公司已累计售出整机2600台，建立15个左右的县级服务中心，有150个左右的合作飞防队伍，50个左右的飞防试点村，签约飞防面积达80万亩，覆盖面积达200万亩。公司此时应进行全方位地扩张，包括供应链的优化，自建工厂的进行，加大建立县级服务中心的力度，加大植保服务的推进。形成一套相对完整的操作体系，搭建了较高的技术及市场壁垒。

营业收入：91800 万元

营业利润：-32200 万元

资金需求：80000 万元

资金使用：供应链优化，自建工厂（40000 万）；建立县级服务中心 200 个（20000 万）；市场推广成本（10000 万）；三代机研发（2000 万）；三代机量产 12000 台（36000 万）；管理及销售成本（16000 万）。

接下来，公司应逐步加强服务投资，减少设备销售营收占比。建立飞防飞手操作规范；加大签约飞防农田占比，形成完整的质量监控及详实的飞防资料；积极参与行业整合，引导行业规范发展；加大研发投入，优化产品性能，提高荷载，增加飞行时间；加大农药合作研发力度，提高绿色农药使用效果；谨慎扩充产品线，为果园、蔬菜、小麦、水稻等不同产品进行产品的改进设计。加大对品牌形象的塑造和投资，提高管理效率和水平。加大农林植保生态圈建设，涵盖飞手、培训学校、农机公司、农药企业及金融服务提供商和保险服务提供商。

……

思考与训练

撰写一份适合本校本专业的创业计划书。

参考文献

[1] 张玉利,陈寒松,薛红志,李华晶. 创业管理[M]. 4 版. 北京:机械工业出版社,2017.

[2] 何海燕,汪磊. 高职大学生创业导航[M]. 北京:高等教育出版社,2014.

[3] 小范. "你的创业初心就是最好的商业计划书"——马云、柳传志回顾创业初衷[EB/OL]. (2016-04-25)[2018-05-07]. http://tech.qq.com/a/20160425/051868.htm.

[4] 文案策划网. 公开:史玉柱亲笔写的脑白金文案策划方案[EB/OL]. (2017-02-08)[2018-05-07]. http://www.wenancehua.com/110.html.

第八章 新企业的成立、管理和注销

视频8
扫二维码 看课程视频

学习目标

- 了解常见的企业法律形式。
- 了解企业的注册流程。
- 能编制现金流量表、利润表和资产负债表。
- 能制订市场营销计划。
- 了解常用的网络营销方法。
- 学会了解顾客并维护好客户。
- 了解企业的注销程序。

知识导图

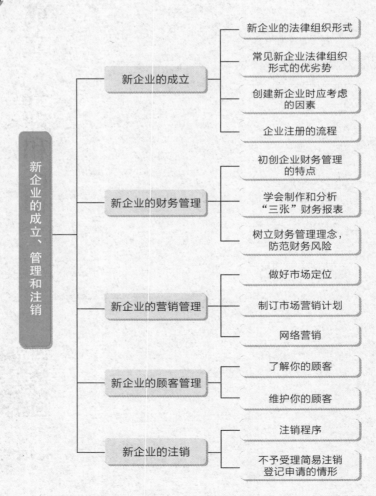

第一节　新企业的成立

案例导入

王某刚从某世界500强公司管理层辞职，打算开办一家咖啡厅。她拿不准选择什么形式的法人实体，但可以明确的是，她要把个人责任同咖啡厅责任分开。如果第一家咖啡厅成功的话，她计划吸引一些投资者来开办第二家。你能给王某一些好的建议吗？

一、新企业的法律组织形式

目前企业登记注册类型分为三个大类、18个中类和25个小类。其中三个大类指的是内资企业、港/澳/台商投资企业和外商投资企业，具体可见国家统计局和国家工商行政管理总局《关于划分企业登记注册类型的规定》。

大学生在注册企业选择组织形式时既要考虑自身的现状，还要充分思考企业的未来发展。大学生注册企业主要的法律组织形式有私营独资企业、私营合伙企业、有限责任公司、股份有限公司（有限责任公司和股份有限公司属于公司制企业）等。表8-1概述了几种基本企业法律形式之间的对比。

表8-1　几种基本企业法律形式的对比

对比内容	私营独资企业	私营合伙企业	公司制企业
法律依据	个人独资企业法	合伙企业法	公司法
法律基础	无协议/章程	合伙协议	公司章程
法律地位	非法人经营主体	非法人营利性组织	企业法人
责任形式	企业主承担无限责任	合伙人依法承担无限责任	承担有限责任
投资人	1个自然人	一般有2个以上合伙人	有限责任公司股东在50人以下；股份有限公司发起人为2人以上200人以下
注册资本	投资人申报	协议约定	目前已放宽注册资本登记条件，具体以相关规定为准

(续)

对比内容	私营独资企业	私营合伙企业	公司制企业
出资	投资人申报	约定：货币、实物、土地使用权、知识产权或其他财产权利、劳务	法定：货币、实物、工业产权、非专利技术、土地使用权
出资评估	投资人决定	协商或评估决定	委托第三方评估机构
财产权性质	投资人个人所有	合伙人共同所有	法人财产权
出资转让	可以继承	须经合伙人同意	股东过半数同意
经营主体	投资人、委托人	合伙人共同经营	股东不一定参与经营活动
事务决定权	投资人	全部合伙人或从约定	股东会议
利亏分担	投资人	如未约定则均分	投资比例
解散程序	注销	注销	注销并公告

二、常见新企业法律组织形式的优劣势

大学生创业者可以选择有限责任公司、股份有限公司、私营合伙企业和私营独资企业等形式，在做出具体选择时应熟悉常见新企业法律组织形式的优劣势。

1. 私营独资企业

优势：

（1）投资规模小，企业成立手续简单。

（2）自由灵活，投资者做自己老板，决策企业所有行为。

（3）投资者独享全部利润，税负较轻。

劣势：

（1）投资人一人面对复杂的市场环境，独立面对风险，有倾家荡产的可能性。

（2）在经营过程中融资能力不强。

（3）企业可能因投资人原因终结，寿命有限。

2. 私营合伙企业

优势：

（1）相比私营独资企业，资金来源渠道增多。

（2）多人合伙经营，有助于企业发展过程中的理性决策。

（3）合理的约定将延长企业寿命，也有利于企业资金的再投资。

（4）税负较轻。

劣势：

（1）产权转让比较困难。

（2）如合伙人在企业经营、发展过程中存在分歧，对企业会产生不良影响。

（3）企业的寿命会受到关键合伙人个人原因的影响。

3. 公司企业

优势：

（1）因股东依法承担有限责任，风险有所降低。

（2）融资能力强，有时股东个人的能力会给企业的发展注入"新鲜血液"。

（3）股东不一定参与企业的经营活动，可以雇佣较为专业的职业经理人或团队管理企业，以保持企业较高的管理、经营水平。

（4）企业寿命不再完全受到个别股东的影响。

劣势：

（1）受到的限制较多，在法律监管上也更为严格。

（2）商业机密泄露的风险较大。

三、创建新企业时应考虑的因素

大学生在初创企业时除了选择好合适的组织形式，还应认真考虑个人情况（兴趣爱好、技能特长、实践经历、启动资金等）、企业名称和标志设计、创业选址、租金承受能力、市政规划、区域交通等多方面的因素，并认真学习相关法律法规，做好市场调研等工作。

企业命名的基本要素和字号命名的一般原则如下：

基本要素：行政区划名称＋字号＋行业特征＋组织形式
一般原则：易读易记易传播
　　　　　　内外合一显真实
　　　　　　与众不同有亮点
　　　　　　搭配得当有美感
　　　　　　引导准确便顾客
　　　　　　打破陈规有创新

根据上面的原则，请比较：
（1）芜湖多美味餐饮有限公司
（2）多味餐饮店
你会了吗？结合你的想法头脑风暴一些企业名称吧！

四、企业注册的流程

当你确定好创业项目的组织形式之后，就可以依法进行企业申办了。办理工商登记注册程序因地而异，但总的来说，大致注册流程如图8-1所示。

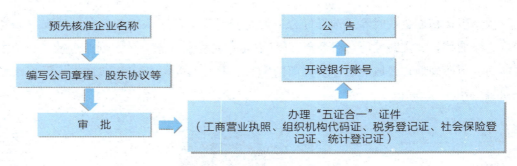

图8-1 企业注册流程

1. 预先核准企业名称

国家工商总局企业名称核准从业务的性质和来源上可划为两大类：一是新设立企业的名称预先核准（以下简称设立名称核准），二是已经登记企业的名称变更预先核准（以下简称变更名称核准）。

办理需经国家工商总局核准的设立名称核准，申请人可以通过国家工商总局企业登记网上注册申请业务系统（以下简称总局网上企业登记系统）提交申请，经国家工商总局核准后，其"预先核准通知书"由企业登记机关打印、发放，申请人可以不必到国家工商总局领取。基本流程示意如图 8-2 所示。

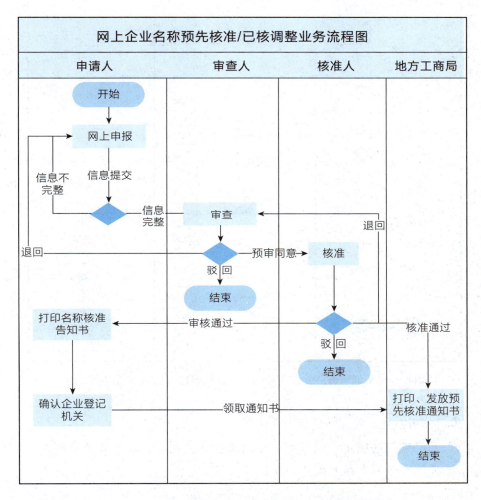

图 8-2　网上企业名称预先核准/已核调整业务流程图

各地已经登记注册企业申请变更名称，依法需经总局核准的，由各地登记机关现场受理录入总局网上企业登记系统，经本省企业登记机关审查后，报总局审核，并将审核结果告知申请人，在当地办理企业名称变更登记业务。基本流程示意如图 8-3 所示。

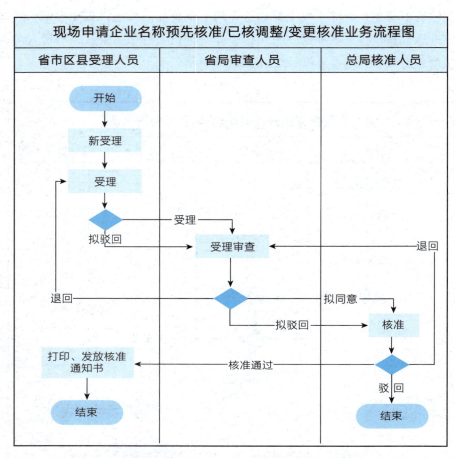

图 8-3 现场申请企业名称预先核准/已核调整/变更核准业务流程图

2. 编写公司章程、股东协议等

设立公司必须依法制定公司章程。公司章程对公司、股东、高级管理人员具有约束力。股东应当在公司章程上签名、盖章。

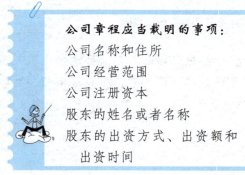

公司章程应当载明的事项：
公司名称和住所
公司经营范围
公司注册资本
股东的姓名或者名称
股东的出资方式、出资额和
　出资时间
公司的机构及其产生办法、
　职权、议事规则
公司法定代表人
股东会会议认为需要规定的
　其他事项

3. 审批

根据行业属性及相关部门的规定，目前分为前置审批和后置审批，具体事项可在登记前向当地的工商局问询。那么你知道前置审批和后置审批的区别么？

（学习网址：https://m.sohu.com/a/195186418_623046）

4. 办理"五证合一"证件

国务院办公厅于 2016 年 6 月 30 日发布了《关于加快推进"五证合一、一照一码"登记制度改革的通知》并规定：在全面实施工商营业执照、组织机构代码证、税务登记证"三证合一"登记制度改革的基础上，再整合社会保险登记证和统计登记证，实现"五证合一、一照一码"。这也积极推动了大众创业、万众创新。这种以"数据网上行"，让"企业少跑路"的工作模式也在很大程度上方便了大学生的企业注册工作。

5. 开设银行账户

开设银行账户就很好理解了。企业的日常资金收支、员工工资等都可以通过开设的企业银行账户进行结算。具备对公业务的银行金融网点都可以实现，但具体以企业注册时的相关规定为准。

6. 公告

公告指的是负责企业登记的主管部门以其名义向社会公开告知企业的成立事宜。具体做法以各地相关规定为准。

当企业成立后，创业者将面临一个新的课题，那就是企业的管理。企业在日常运营中会碰到许多新的问题，如财务的管理、营销的开展、顾客的维护等。后续的很多工作还等待着创业者去开展。

第二节 新企业的财务管理

案例导入

小陈应聘到一家初创公司的财务部门工作，接到的第一个任务就是编制当月的现金流量表。就在小陈入职当月，公司花费 3 万元采购了一批新的办公电脑和打印机设备。请问这笔花费要在小陈编制的现金流量表中的哪个部分体现出来呢？

作为新企业的创立者,你必须要深入了解企业的财务基础常识,只有这样才能获得长期成功。创业者必须懂一些基本的财务知识,因为离开资金,企业就无法运营,而产品、销售、人力等企业经营的方方面面都与财务紧密相关,可以说是"处处离不开钱"。创造利润是企业存在最重要的目标,而利润的实现,离不开财务工作的指导和保驾护航。在现实中,我们能够看到某个企业因为现金流的断裂而终结。这恰恰能反映出财务管理是初创企业管理的核心。

一、初创企业财务管理的特点

初创企业刚成立时,人员不多,现有的人员也几乎都是企业的股东,很多制度也尚未成熟。这时的财务管理呈现出一些特点:

1. 未聘请专职的财务人员,往往采取聘用兼职会计和自己记账的方式。
2. 在"边经营边学习"的模式下提高财务管理水平。

二、学会制作和分析"三张"财务报表

对于初创企业,你必须要了解财务上的一些关键部分,它们可由这"三张"财务报表来表述:现金流量表、利润表和资产负债表。

1. 现金流量表

(1) 现金流量表的概念

让我们首先搞清楚现金流的概念,然后再谈具体的会计过程。简单地说,现金流是企业在特定时间内(通常是月、季、年)流入或流出企业现金账户的钱。不要把现金流等同于利润。所有的创业者都应该注意本公司的现金流状况。

(2) 现金流量表的作用

现金流量表可以帮助创业者:

分析和评价企业的支付能力、偿债能力。

分析企业净利润质量及其影响因素。

了解企业的现金流转效率。

分析企业未来获取现金的能力。

预测企业未来的现金流量。

(3) 现金流量表的编制

现金流量表主要包括四个部分:现金流入、现金流出、净现金流量和月底现金余额。

表8-2 现金流量表（样表） （单位：元）

项目	月份金额	1月	2月	3月	4月	5月	6月	合计
	月初现金							
现金流入	现金销售							
	赊账销售							
	贷款收入							
	股东投入现金							
	其他现金收入							
	现金流入小计							
现金流出	现金采购							
	赊账采购							
	销售推广费							
	销售提成							
	租金							
	经理工资							
	员工工资							
	保险费							
	水电费							
	电话费							
	网络宽带费							
	办公用品、耗材费用							
	交通差旅费							
	固定资产费用							
	借贷还款支出							
	增值税							
	附加税费							
	企业所得税							
现金流出小计								
净现金流量								
月底现金余额								

对于初创企业，最好保证公司的账上有不少于六个月的现金储备。另外，随着企业的逐步发展，可能要进行融资，通常也不是一天两天可以完成的，按照六个月来准备最佳。

2. 利润表

利润表也称作损益表，可以看出企业在某一时期的经营业绩，即盈利还是亏损。它可以让你看出公司这个月的毛利、净利等。利润 = 含税销售收入 – 应纳增值税额及附加税 – 总成本，净利润 = 利润 – 应纳企业所得税额（对于小微企业，应纳所得税额 = 利润 × 50% × 20%）。

表 8-3 利润表（样表）　　　　　　　　　（单位：元）

项目	金额	1月	2月	3月	4月	5月	6月	合计
一、主营业务收入								
加：其他收入								
减：主营业务成本	生产/采购成本							
增值税及附加								
变动销售费用	销售提成							
固定销售费用	销售提成							
管理费用	租金							
	员工工资							
	办公用品、耗材费用							
	水电费							
	网络宽带费							
	交通差旅费							
	固定资产折旧费							
	其他							
财务费用	支出利息							
二、营业利润								
减：所得税费用								
三、净利润								

通过编制利润表，可以帮助创业者评价和预测企业的经营成果和获利能力、偿债能力，努力增收节支，杜绝损失的发生，做出合理的经营决策。此外，创业者可以根据利润表评价和考核管理人员的绩效。

你知道费用与成本的区别么？

成本是与收入直接相关的，比如某公司，委托代工厂生产电视机支付的钱就是成本。而与电视机生产没有直接关系的就属于费用一项，主要分为三部分，比如：为了营销产品而产生的广告费等支出，就是销售费用；领导工资属于管理人员支出，就是管理费用；向银行贷款支付的利息、银行转账的费用就是财务费用。

3. 资产负债表

简单地说，资产负债表可以表达出企业的钱是从哪里来的，企业把这些资金做了怎样的"投资"。资产负债表可以分为资产、负债和所有者权益两部分。

资产，通俗地说就是企业在某一时间点掌控的财产，是可以支配和使用的。根据目前国家的相关要求，资产要按照类别进行分类，主要分为流动资产和非流动资产。

表8-4 资产形式的简单示例

项目	形式
流动资产	货币资金
	交易性金融资产
	预付账款
	应收账款
	应收票据
	其他应收款
	存货
非流动资产	长期投资
	固定资产
	无形资产
	长期待摊费用
	商誉

负债指的就是企业的欠款，主要有：

短期借款：如一年期的借款。

长期借款：如一年以上的银行借款。

应付账款：应付对方的业务款，但实际可能还未支付。

预收账款：因业务收到对方的订金。

应付职工薪酬：如2月10号发1月份工资，那么在1月份，当月产生的工资款就应归到此项。

应交税费：依照国家规定应缴纳的税费。

所有者权益指的是企业资产减去负债后有所有者享有的剩余权益，是真正属于企业本身的财产。它主要来源主要有四个：一是实收资本（股东按工商登记的注册资本把钱转到公司账户），二是捐赠资产（企业获得的捐赠），三是资产的再评估增值（如近几年企业楼宇价值的增值），四是企业利润。要明确的是企业的资产＝负债＋所有者权益。

通过分析企业资产、负债和所有者权益两部分的变化，可以帮助创业者评估企业发展的前景和后续实力。

三、树立财务管理理念，防范财务风险

创业者一旦迈开了自己的创业之路，就会知道一个简单的事实：企业到处都需要花钱！招聘的员工要发工资，市场的推广需要费用，日常的水、电、房租需要花钱。正因为如此，创业者要树立效益观念和风险观念，并在创业初期掌握一些常用措施，以防范财务风险。

常见措施：
场地租用面积不宜太大，如过大，可以分租出去。
如资金遇到困难又没有借款渠道时，可出让部分股份以吸纳新股东的加入。
多关注当地扶持企业发展的创业政策，积极申请扶持资金。

第三节　新企业的营销管理

案例导入

"更多年轻人选择的拍照手机！"这是国产手机OPPO经典的广告语。OPPO手机坚持娱乐化粉丝经济运营，从最早的宋慧乔到李易峰、TFBOYS组合，以及与西甲巴塞罗那队的跨界合作到OPPO新款手机的发布，OPPO准确抓住了粉丝的兴趣点，通过微博发布了多款粉丝定制版产品，发布后被抢购一空，OPPO将

品牌、明星以及粉丝三者紧密地联系在一起，成功地将明星粉丝转化为品牌粉丝，实现品牌粉丝经济。OPPO新款手机发布之际结合明星关键词的微博搜索互动，更是充分引爆了微博粉丝的能量，创造了官方微博24小时涨粉100万，搜索超过1080万次，微博内容传播深度超过200层的营销记录。

企业盈利的关键在于市场占有率和销售额。市场营销对于提升市场占有率和销售额至关重要。作为初创企业，做好市场定位，掌握基本的市场营销策略是一门功课。

一、做好市场定位

市场定位指的是企业在市场中使自己建立并保持与竞争对手不同位置的过程。简单地理解就是让消费者对企业或者企业的产品、服务保持独特的兴趣。当我们去不同品牌的汽车4S店购买汽车时，他们的产品宣传给我们留下了深刻的印象，如沃尔沃汽车主打安全性能，马自达汽车主打运动性能，丰田汽车主打节油特点，奔驰汽车主打舒适和尊贵身份。试问一下，难道其他品牌的汽车真的没有沃尔沃安全性能高么？这就是企业的市场定位。准确的市场定位会使企业更加具有竞争优势。

市场定位一般从三个层次去开展：行业、企业、产品。企业在行业的定位会影响到企业和产品定位。当一个企业将自己定位在某个行业中时，这个行业内的相似企业从某种意义上说即成了竞争对手。在这样的定位中，企业可以判断出自身是领先者、挑战者还是追随者，进而影响到自身的产品定位。

市场定位所依据的原则：

1. 依据产品的属性，如材料构成、质量、成分、价格等。农夫山泉强调稀缺的天然水源，不同于一般的净化水。

2. 依据使用场合和用途。为老产品找到一种新用途，是为该产品创造新的市场定位的好方法。如近年来流行的猴头菇饼干，它强调养胃保健，不同于一般的零食饼干。

3. 依据顾客利益。提供给顾客的利益是顾客最能切实体验到的，如近年来，随着社交平台、软件的应用，一些手机厂商意识到消费者对拍照功能情有独钟，就有了各种主要以拍照功能定位的手机进入市场，受到了消费者欢迎。

4. 依据使用者类型。企业将其产品指向某一类特定的使用者，以便塑造恰当的形象。如公牛饮料在很多广告中都有"你的能力超乎你的想象"，让很多消费者在运动时都去饮用其产品。

市场定位对企业开拓市场非常重要，因此，创业者应掌握一些常用的市场定位策略，表8-5列出了一些常用市场定位方法。

表 8-5 常用的市场定位方法

区域定位	产品进入的市场范围：国际、国内还是某一个区域
阶层定位	产品面向的阶层
年龄、职业定位	产品适用的年龄段人群及职业
差异定位	不同于相似产品的特征，具体分为产品、人员、服务和形象的差异定位

二、制订市场营销计划

市场营销理论随着环境的变化也在不断地发展，经历了三种典型的营销理论，即以满足市场需求为导向的经典营销理论（4P 理论），以追求顾客满意为导向的现代营销理论（4C 理论）和以建立顾客忠诚为导向的创新营销理论（4R 理论）。其中 4P 理论是较为经典的理论，对市场营销实践活动产生了深刻的影响。

4P 理论指的是产品（Product）、价格（Price）、地点（Place）、促销（Promotion）的组合策略。创业者应紧紧围绕这四个方面，结合顾客需求，做好营销计划。

产品（Product）	价格（Price）
考虑： 1. 顾客购买产品是否获得了使用价值，达到了期待的效果？ 2. 顾客是否对产品的质量、外观、商标及包装等满意？ 3. 顾客购买产品是否实现了利益（保修、送货等）的保障？	考虑： 1. 顾客愿意出多少钱购买你的产品或服务？ 2. 你的产品或者服务成本是多少？ 3. 你的竞争对手的相似产品的价格你了解么？
地点（Place）	促销（Promotion）
考虑： 1. 你的企业是否离顾客距离较近？ 2. 你的产品运输是否便利？ 3. 你的企业租金是否合适？	考虑： 1. 顾客是否可以快速便携地获取你的产品或服务信息？ 2. 你是否了解竞争对手的促销策略？ 3. 你是否比较过不同促销方式带来的效果？

创业者应明确，不同行业、企业在营销手段上是大相径庭的，因此，无论你采取任何形式的营销，最终的目的是给企业带来利润，维持并推动企业的发展。

三、网络营销

在互联网时代，网络营销凭借其费用低、见效快的特点获得了创业者们的青睐，它作为新一代的营销手段，应引起初创企业的重视。

通俗地说，网络营销就是借助互联网的平台达到营销目的的营销活动。它不受时间、空间的限制，在企业和顾客之间能够搭建起互动、沟通的桥梁，因此，初创企业在做好线下营销的同时，应积极利用网络营销来推广产品和服务。常见的网络营销方法有：

1. 搜索引擎推广

企业通过在百度、搜狗等搜索引擎投放"关键词"搜索，将本企业的产品或服务名称排名靠前、吸引顾客，以达到推广的目的。

2. 微博、微信营销

微博作为当下流行的信息分享、传播及获取平台，具有较大的营销价值。微信公众平台可以向关注用户群发图文、语音、视频等内容。初创企业可以尝试在这两个平台上为顾客提供服务。

3. 移动互联网营销

随着移动互联网的发展，越来越多的企业开发了自己的APP，并将产品和服务体验由线下"搬迁"至线上，积累了更多的用户，促进了企业的创收和发展。

4. 电子商务营销

电子商务营销现在也成了更多企业的推广选择。初创企业在条件允许的情况下可以建立独立直销的电子商务平台或依托第三方电子商务平台（淘宝、京东等）开设网店。

第四节　新企业的顾客管理

案例导入

山姆·沃尔顿（Sam Walton）是沃尔顿的创始人，开创了沃尔玛（Wal-Mart）成功的经营理念：极端节省、顾客满意至上、不断创新与成长等。

Wal-Mart的金科玉律：第一条，顾客永远是对的；第二条，如果顾客错了，参照第一条。在Wal-Mart里，顾客退换一双就要脱底的鞋子，店员不仅要高高兴兴地换上一双新的，还得奉上一双袜子用以补偿顾客的损失。

在1989年的公司公报上，沃尔顿还强调公司员工应该向顾客传达这样的信息:"我们为给您带来不便深感遗憾,希望您能满意。"

企业在运营中无论提供的产品和服务多么好,但是缺少了顾客,就不会给企业带来利润和持续的发展。"顾客就是上帝"应被创业者高度重视。了解顾客、维护好顾客、以顾客为中心才能使企业长久发展。

一、了解你的顾客

了解顾客的目的是帮助企业确定目标客户,再通过适当的营销方式把最好的产品或服务提供给顾客。了解顾客可以采用以下几种常见的方法。

访谈	通过和业内人士、相近产品或服务的销售商的交流获取信息
问卷	设计调查问卷,在合适的地点发放给顾客填写,以获取调查对象的信息
信息检索	可以通过阅读报刊书籍、浏览网络的方式检索顾客的相关情况,国家有关部门、行业协会的很多调查数据往往在网络上可以获得,具有参考意义
经验	对某个行业非常了解的创业者可结合自身经验做出判断
参加展会	现在各种形式的行业展会也比较多,参展的企业都是比较活跃的企业,在展会上接触到客户群的机会也更多

了解顾客的方法还有很多,初创企业应采用适合自己的方法。顾客是企业生存的根本,企业应了解:你的产品或服务适合哪些顾客?你的顾客有什么样的需求?你的顾客愿为需求的产品或服务付多少钱?你的顾客有什么样的购物习惯?

二、维护你的顾客

当企业发展到一定阶段,积累了一定量的顾客后,对于创业者而言,应思考如何让现有的顾客满意。也许让每一个顾客都对企业感到满意是不现实的,但创业者可以想方设法提升顾客的满意度,以增加购买产品或服务的次数,进而带来持续的利润。那么有哪些做法可以帮助创业者提升顾客满意度,维护好顾客呢?

1. 建立有效的反馈渠道

只有从销售者转变为聆听者,设立有效的反馈途经,比如意见箱、填写体验反馈表等方式。对于顾客来说,通过这样让他们感觉到自己被足够的"重视",问题能够被有效地解决。

2. 不断修炼"内功"

提高顾客满意度,维护好顾客,这不是个短暂性的动作,而是持续性、长久性的,服务细节管理、整体环境舒适度、产品品质等，这些直接关系到顾客满意度的部分都需要创业者在实际创业过程中不断地调整。

3. 创新服务方式

无论是产品还是服务，最后的受益者是顾客。初创企业应根据顾客的需求不断创新服务的方式，让顾客简单、快乐地体验产品和服务。只有这样，顾客的忠诚度才能不断地增加。

4. 分析流失的顾客

企业在实际经营过程中无法保证不流失一个顾客，但是当流失顾客时，创业者应努力去了解哪些地方做得不够完善，以防更多的顾客因为相同原因而流失。

第五节　新企业的注销

企业有进有出是市场经济的规律。有些企业拿到了营业执照，但是对于后续一些需要行政审批的项目，可能达不到门槛；有些企业在人员聘用、融资方面存在困难，无法经营；有些企业在申请时就存在着一定的盲目性；有些初创企业因创业者的个人原因无法再持续经营下去。在这些情况下，企业就需要进入到注销程序。

在过去，不少企业表示退出太麻烦。对此，国家有关部门对退出企业试行了"简易注销"改革。对于未开业企业、无债权债务企业、个体工商户的"僵尸企业"，简化和完善注销流程，以方便企业退出。

根据工商企注字〔2016〕253号《工商总局关于全面推进企业简易注销登记改革的指导意见》，对领取营业执照后未开展经营活动（以下称未开业）、申请注销登记前未发生债权债务或已将债权债务清算完结（以下称无债权债务）的有限责任公司、非公司企业法人、个人独资企业、合伙企业，由其自主选择适用一般注销程序或简易注销程序。

一、注销程序

1. 企业在申请简易注销登记时只需要提交《申请书》《指定代表或者共同委托代理人授权委托书》《全体投资人承诺书》（强制清算终结的企业提交人民法院终结强制清算程序的裁定，破产程序终结的企业提交人民法院终结破产程序的裁定）、营业执照正、副本即可，不再提交清算报告、投资人决议、清税证明、清算组备案证明、刊登公告的报纸样张等材料。

2. 登记机关在收到申请后，应当对申请材料进行形式审查，也可利用国家企业信用信息公示系统对申请简易注销登记企业进行检索检查，对于不适用简易注销登记限制条件的申请，书面（电子或其他方式）告知申请人不符合简易注销条件；对于公告期内被提出异议的企业，登记机关应当在三个工作日内依法做出不予简易注销登记的决定；对于公告期内未被提出异议的企业，登记机关应当在三个工作日内依法做出准予简易注销登记的决定。

二、不予受理简易注销登记申请的情形

1. 依法被列入严重违法企业名单或者被载入经营异常名录尚未移出的；
2. 企业投资设立的其他企业未办理注销登记或股权转让的；
3. 企业设立的分支机构未办理注销登记的；
4. 企业股权被冻结或出质登记的；
5. 登记机关认为不宜适用简易注销的其他情形。

思考与训练

1. 企业常见的法律组织形式有哪几种？
2. 现金流量表、利润表和资产负债表的作用有哪些？
3. 如果你是企业老板，请谈一谈怎样维护好你的顾客。

参考文献

[1]吕爽.创业基础[M].北京:中国铁道出版社,2016.
[2]李肖鸣,孙逸,宋柏红.大学生创业基础[M].北京:清华大学出版社,2016.

第九章 跨境电商和创新创业

视频9
扫二维码 看课程视频

学习目标

- 了解常规的国际贸易政策。
- 了解跨境电子商务对当今社会的贸易发展的意义。
- 掌握报关的概念、分类和内容。
- 掌握进出口报关的流程。
- 掌握按照国际贸易规则，运用电子商务处理国际贸易的操作办法。

知识导图

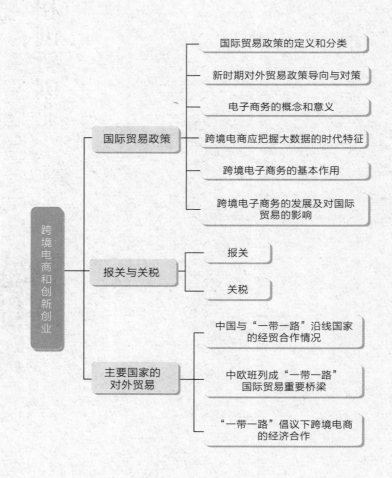

90后大学生，玩转跨境电商

假发，是一个市场需求不是特别大的商品，目标群体窄，销售难度高，在我们的固有观念中，似乎只有脱发、头发稀疏的少数人群才会用得到的，把售卖假发作为创业项目，可不是一个非常明智的选择。然而西安翻译学院的在校大学生靳亚飞却将假发卖到了美国、俄罗斯等海外国家，一年能够带来十几万的利润，究竟他是怎么做到的？

- **高中前几乎没有接触过互联网**

对于出生在河南许昌农村的靳亚飞而言，在上高中之前，互联网是一个未知而神奇的东西。之后靳亚飞到县城上了高中，开始接触网络才知道了马云、阿里巴巴。对于能够改变一些传统模式的电子商务，靳亚飞觉得神奇，考大学时毫不犹豫地选择了电子商务专业，通过对课程的掌握，他已经不甘心单纯地学习，而是盘算着自己利用互联网做点什么。

- **生活烦恼带来创业创意**

2013年8月，靳亚飞老家的辣椒进入了采摘季，但是出现了滞销的情况，8毛钱一斤的辣椒眼看就要烂在地里。同时，西安辣椒的批发价是2元/斤，超市、菜场买到了4元/斤。"有没有办法既能解决滞销的菜品，同时又能让西安市民不用花几倍价钱去购买蔬菜？"于是，靳亚飞的第一个创业项目"易蔬菜"诞生了，属于蔬菜的O2O形式，"用户在网上下单，我们从菜农那里进货，然后为用户配送。"这一年，他只是一名大一学生。最终，由于学生在资金和配送货能力方面存在局限性，靳亚飞的第一个创业项目并不顺利。

- **假发卖到美国俄罗斯**

从"易菜蔬"之后，靳亚飞收拾好心情，又开始寻找其他商机。通过对国内电子商务竞争"白热化"的分析，这一次，他将目光转向跨境电商——将"中国制造"卖到国外去。靳亚飞想到了老家许昌：那是全国最大的假发生产地。于是，靳亚飞开始寻找假发货源，并最终将此作为自己的主打产品。三家网店，六个人来做，这是靳亚飞团队当时的工作状态。其中，两个人负责商品的采购、进货，一个人负责售前、售后服务，一个人受理订单，剩下的一个人负责更新、发布产品。"除了我和合伙人，剩下四个人都是我的学弟、学妹，我创业成功了，也给他们提供了就业的机会。"现在，靳亚飞的产品已经卖到美国、俄罗斯和巴西。

- 假发畅销，月入万元

靳亚飞透露，所有的电子商务平台都有淡季、旺季之分，消费者的购物需求主要集中在下半年，尤其是"双11"等大型活动的刺激，往往能够带来可观的收入。"现在，我每个月营业额大概有5000元美金左右，下半年可能会多一些。一年十几万的利润。"

"没有做不成功的事情，只有不为之努力的人"是靳亚飞的座右铭。他对未来有着清晰的规划——先借助第三方平台，发展团队，积累经验。接着，重新选择产品，打造自己的品牌，最终建立独立的跨境电子商务平台。

> **评析**：从靳亚飞假发远销海外的案例中不难看出，创业项目往往来源于生活，来源于我们对现实问题的思考。创业要善于利用自身和周围资源，学会分析和总结，一步一个脚印地坚持下去。

第一节　国际贸易政策

一、国际贸易政策的定义和分类

国际贸易政策是各国对外贸易政策的总称，是各国在一定时期内对进口贸易和出口贸易所实行的政策。在当今世界经济中，国际贸易政策在各国经济增长和经济发展中起着重要的作用，并已成为国际贸易环境的重要组成部分。

从国际贸易历史发展来看，长期存在两种贸易政策之争，即自由贸易政策和保护贸易政策。两种贸易政策各有其积极影响和消极影响。

自由贸易政策是指国家对进出口贸易不加干预，任其自由竞争。

自由贸易政策的主要内容：国家取消对进出口贸易的限制和障碍，取消对本国进出口商品的各种特权和优待，使商品自由进出口，服务贸易自由经营，在国内外市场上自由竞争。

自由贸易政策实施表现：关税的降低和应税商品的减少、非关税壁垒等的减少与取消。自由贸易政策为经济实力强的国家所采用，为国内成长产业集团所推动，它们是主要受益者。对经济实力薄弱的国家，却意味着市场被外国占领，它们是主要受害者。因而自由贸易被认为是"强者"的政策。

保护贸易政策：国家广泛利用各种措施对进口和经营领域与范围进行限制，保护本国的产品和服务在本国市场上免受外国产品和服务的竞争，并对本国出口的产品和服务给予优待与补贴，以鼓励商品出口。国家对于贸易活动进行干预，限制外国商品、服务和有关要素参与本国市场竞争。

从国际贸易产生和发展的历史考察，自由贸易政策和保护贸易政策两大类型可归纳为对外贸易政策。

二、新时期对外贸易政策导向与对策

作为发展中国家的中国加入 WTO，最主要的目的是利用加入 WTO 的机会熟悉运用其中的规则，保护和发展本国产品的对外贸易能力和自己的民族工业，而不是单纯强调对 WTO 承诺的兑现。建立在经济学理论基础上的比较利益理论的 WTO 有利于世界贸易的发展，实现必须有一个基本前提，即参与贸易的各国面对的竞争条件应是平等、公正的。而现实中的国际体系和国际分工更为复杂，国际关系中存在矛盾和斗争。在这种体系中，国家实力和地位始终是本国、本民族的最大经济利益的可靠保证。

在全球电子商务迅速发展和国家政策大力支持的大环境下，跨境电子商务作为我国进出口贸易的新形式，突破了传统贸易的时间与空间限制，进一步促进了进出口业务的发展，并且其以互联网为交易平台，大大提升了贸易的效率。

三、电子商务的概念和意义

电子商务分为狭义和广义两类。狭义的电子商务通常是指通过互联网从事的在线产品和劳务的交易活动，涉及有形的产品和劳务的无形产品。广义的电子商务泛指一切与数字化处理有关的商务活动，这些商务活动不仅仅局限于企业之间、企业和消费者之间，也包括在企业内部的一切商务活动。

电子商务作为一种新型的商品交易方式，具体有以下五种类型：①企业对消费者（Business to Consumer，简称 B to C）的电子商务；②企业对企业（Business to Business，简称 B to B）的电子商务；③企业对政府机构（Business to Government，简称 B to G）的电子商务；④消费者对政府机构（Consumer to Government，简称 C to G）的电子商务；⑤消费者对消费者（Customer to Customer，简称 C to C）的电子商务。

目前电子商务越来越多地运用到外贸业务中来。通常我们可以将外贸业务从运作角度笼统地分为三个阶段：交易准备阶段、交易磋商阶段和合同履行阶段。这三个阶段概括了每一笔外贸业务自始至终的业务程序。现代信息技术的应用逐渐充斥到外贸业务的各个环节中。

电子商务主要是运用互联网实现人们之间的各种商务活动并加快全球一体化的进程。通过网络数据把全球连接为一个整体，建立起一个虚拟的全球范围化的市场。每一个国家和地区的人们都可以运用电子商务的平台来进行贸易交往活动。电子商务让全球贸易成为一个有机的整体，各国之间的贸易活动更加密切，各国之间除了竞争之外，经济合作也越来越多。

现在电子商务已经成为我国一种全新的商业模式，各种行业都可以参与。在此模式中可实现一些现实的或者虚拟的商业活动，从而使企业产生新的收入，人们从中获取新的业务。电子商务还可以被看作一种业务之间的转换。企业运用计算机技术和手段来实现经济业务活动，以此来达到增加经济效益，降低成本的作用，极大程度地提高了企业的竞争力。因此，电子商务不但提高了企业的竞争意识，还使企业与企业，企业与个人之间的合作更加密切。

四、跨境电商应把握大数据的时代特征

随着我国计算机的不断发展，世界经济也逐渐由工业经济转变成为信息经济，由此逐渐产生了国际间的信息产品贸易。与此同时，电子商务也在全球范围内蓬勃兴起，已经成为推动世界经济快速增长的主要原动力，电子商务的快速发展使得国际贸易也在逐渐走向信息化的方向，为国际贸易的可持续发展创造了有利的条件。

现今电子商务已经成为一种全新的商业模式，其主要运用互联网来作为载体，使得各行各业能够紧密地联系在一起，实现虚拟的交易与合作，从而产生新的业务和收入。我们可以把电子商务看成一种新的业务转换，企业利用互联网的作用，来达到降低成本、提高效率的目的，使得企业的竞争力增强。

随着经济金融全球化的加速推进，在互联网、大数据、云计算等技术不断革新的背景下，国际贸易模式正在发生变革。以"互联网＋外贸"融合为主要特征的跨境电商正在兴起，同时数字贸易时代已经到来。跨境电商是"以更低交易成本撮合更大成交量"原则下外贸行业发展的产物。该商业模式的产生与快速发展正符合"能否更节约消费者时间和精力"这条用于研究和判断行业发展前景的准则。

跨境电子商务是指分属不同关境的交易主体，通过电子商务平台达成交易、进行支付结算，并通过跨境物流送达商品、完成交易的一种国际商业活动。然而在跨境电商发展业绩显著、发展势头良好，且被社会各界广泛重视的背景下，理论界与实务界关于跨境电商的概念，并没有予以精准界定，也没有形成一致意见，以至于人们在认

知、理解跨境电商时常常把它与外贸、海淘、海购等概念混淆。有鉴于此,结合跨境电商发展的时代背景、技术手段与发展原则,充分考量跨境电商的功能作用与主要特征,对跨境电商概念予以更贴切合理的界定,是十分必要的。

五、跨境电子商务的基本作用

跨境电商模式的主要作用表现在,它比传统线下跨境交易模式更能克服买卖双方因信息不对称、信任度低和交易成本高而带来的交易难度大的困境。

1. 物色贸易伙伴

在开展国际贸易之前,准确和清晰地物色贸易伙伴是提高企业经济效益的有效措施,电子商务作为现今企业发展中最为重要的因素,在物色贸易伙伴的时候,由于电子商务在开展中,不会因为地域和时间的因素而有所影响。因此,在一定程度上可节约大量的人力和物力。此外,企业还可以建立属于自己的网站,利用电子商务这样一个有效的平台,把自己本企业的基本信息和产品向全球的客户展现,从中获取相应的合作伙伴,也可以在其中选择自己满意的贸易伙伴,来开展贸易合作关系。

2. 网上咨询与洽谈

每一笔国际贸易都不可能洽谈一次就成功,需要合作商之间反复的沟通和咨询,这也是构成一笔国际贸易所必须具备的条件。随着现在信息化技术的不断发展,电脑已经成为千家万户实现信息交流的有效手段。在国际贸易中,企业可以运用互联网来实现国际商务之间的咨询和洽谈。买卖双方可运用邮件对市场动态进行了解,也可运用远程视频进行面对面的交流,进一步掌握产品的信息。由此可见,电子商务给国家贸易带来了许多的便捷服务。

3. 网上订购与支付

电子商务可以运用网站中的信息来了解订购商品的基本情况,了解清楚后可以实现网上订购,客户就通过网上支付完成货物的订购。当客户填写完订购单以后,系统就会用交易确认信息来保证整个订购信息,并且订购的信息具备加密,这样就可以很好地保护商家和客户之间的商业信息。除此之外,在国际贸易中,网上订购可以快速、便捷地传递客户所需的无形产品,例如软件、音像等,这样就可以极大程度地节约时间和人员的开销问题。

六、跨境电子商务的发展及对国际贸易的影响

电子商务的出现带动了国际贸易的发展,在未来我们可以预见电子商务会成为国

际贸易发展中的重要部分，并且随着电子商务的不断完善，它在国际贸易中的作用会越来越重要，不仅可以扩大外贸出口，还可利用外部市场发展壮大，并为中小企业参与国际交流创造良好的政策环境。

1. 推动国际市场环境的新变化

企业在良好的国际贸易市场环境中，不但可以减少企业之间的贸易摩擦，还可以使整个国际贸易的环境得到优化，有效地推动新的贸易需求的产生。电子商务把全世界都联系在了一起，都共同存在于一个数字化的网络世界里面，使得国际之间的信息和资源都可以实现更好的交流。由此可见，电子商务给国际贸易的发展带来了良好的市场氛围。电子商务为处于劣势环境的中小企业创造有利的条件，开拓了新的市场，提高了经济效益，从而带动全球的发展。

2. 促进中小企业进入国际市场

经过多年的发展和积累，越来越多的中小企业认识到，中小企业的发展不应局限于产品的输出，更重要的是管理、品牌、技术的输出。但对于大多数的中小企业来说，他们所具备的财力、物力和人力都相对落后，电子商务的发展解决了他们进入国际市场的问题。中小企业可以在专门的电子商务平台上面注册自己的公司，也可以自己建立一个电子商务网站，开展电子商务，但是这种方法较为困难，所以大多中小企业都选用第一种方法。

3. 扩大和深化国际分工

目前，我国已经逐步形成开放型的经济格局，在全球生产体系中的作用日益重要，使得国际分工的地位也在发生着深刻的变化。电子商务在极大程度上使得企业的生产更加具备灵活性，实现跨国公司的生产布局全球化。作为跨国公司，运用网络发展企业的生产能力和人才优势，并有效地促进企业内部的分工。企业可以运用网络根据相应的订单组织生产，不但可以极大程度地缩短生产周期，减少不必要的库存，还可以有效地提高国际贸易产品的技术含量。现如今，许多客户可以通过互联网跨国购买产品，超越地理界线的制约。作为服务贸易的提供者，企业可以不用跨出国门就为其他国家的客户提供国际的服务，从而推动世界产业结构向高级化发展。电子商务在国际范围内不断扩大，使得国际分工不断深化，从而促进国际贸易额不断增长。

4. 加快国际贸易技术创新

随着电脑的不断普及，在运用电子商务实现等价交换的时候，对国际贸易技术创新的需求也不断增大。电子商务的发展会极大地带动国际贸易的创新。电子商务也会随国际贸易技术创新的不断加快而发展壮大。由此可见，电子商务和国际贸易是相互促进，共同发展的。电子商务已经成为网络化的新型经济活动，成为主要发达国家增强经济竞争实力、赢得全球资源配置优势的有效手段。电子商务不受地域空间的限制，信息的更新往往能够同步进行。这个优势为电子商务提供了很大的发展空间。

随着国际贸易技术的不断创新，国际贸易的方式和国际交流流程也会产生相应的变化。此外，随着电子化的不断普及，作为商家和客户在国际贸易中，都可以随时查看货物的运输状况，包括货物的跟踪管理和货物运输的订舱等。了解货物的运输路线和时间，便于客户在确定货物收到后及时提取。电子商务的迅速发展使得国际贸易的流通加快，电子货币在一定程度上取代了纸质的货币，许多人都在广泛地使用信用卡和银行卡来实现网络支付，从而节约了大量的时间，电子商务的发展和应用使得更多新服务和新产品涌入到国际市场当中，也将进一步促进国际贸易流程变革，形成新的国际贸易流通方式。

5. 促进国际贸易营销模式改变

电子商务的发展使得国际市场的营销模式发生着巨大的变化，国际贸易营销出现了许多新的营销方式，主要包括网络互动式营销、网络整合式营销和网络定制式营销。

网络互动式营销主要是使客户能够真正地参与到国际贸易营销当中，加强客户参与的主动性。网络互动营销不只是大公司的专利，只要中小企业能控制住地域和投放媒介，并有传媒的宣传依托就能实现。

网络整合式营销则使商家和客户之间的关系变得更加密切，从而实现一对一的营销模式。其作用主要是提高商家和企业之间的交流。

网络定制式营销是指商家通过不断地提升口碑和信誉度，积累一定的客户群，从而向该特定用户群定制地销售商品的方式。

随着我国计算机技术和国际经济的不断发展，电子商务已经成为人们生活和工作中的重要部分。电子商务将国际贸易带进了一个信息化时代。电子商务的兴起和网络贸易的诞生，导致国际贸易运作方式发生巨大变化，信息通过全球网络在世界各国和地区间流动，推动了国际贸易向信息化的方向发展，同时也为国际贸易的可持续发展开辟了一条新的途径。

第二节　报关与关税

一、报关

公元前 5 世纪中叶，古希腊城邦雅典出现了世界上最早的海关。中国海关历史悠久，早在西周和春秋战国时期，古籍中已有关于"关和关市之征"的记载。秦汉时期对外贸易发展，西汉在合浦等地设关。宋、元、明时期，先后在广州、泉州等地设立市舶司。清政府于 1684 年—1685 年首次以"海关"命名,先后设置粤(广州)、闽(厦门)、浙(宁波)、江(上海)四海关。直至 1949 年后,中华人民共和国政府对原海关机构和业务进行彻底变革,逐步完善海关建制。

报关是进出口贸易的环节之一,是国家对外经济贸易活动和国际贸易链条中的重要组成部分。报关业务的质量直接关系着进出口货物的通关速度、企业的经营成本和经济效益、海关的行政效率。由于报关活动与国家对外贸易政策法规的实施密切相关,报关业务有着较强的政策性、专业性、技术性和操作性。

(一)报关的定义

一般而言,报关是指进出口货物收发货人、进出境运输工具负责人、进出境物品的所有人或者他们的代理人向海关办理货物、物品或运输工具进出境手续及相关海关事务的过程。《中华人民共和国海关法》(以下简称《海关法》)规定:"进出境运输工具、货物、物品,必须通过设立海关的地点进境或者处境。"因此,由设立海关的地点进出境并办理规定的海关手续是运输工具、货物、物品进出境的基本规则,也是进出境运输工具负责人、进出口货物收发货人、进出境物品的所有人应履行的一项基本义务。报关是与运输工具、货物、物品的进出境密切相关的一个概念。报关是从海关行政管理相对人的角度而言,仅指向海关办理进出境及相关手续。

(二)报关的分类

1. 按照报关的对象分类,可分为运输工具报关、货物报关和物品报关。
2. 按照报关的目的分类,主要可分为进境报关和出境报关。
3. 按照报关的行为性质分类,可分为自理报关和代理报关。

(1)自理报关:进出口货物的收发货人自行办理报关手续称为自理报关。根据我国海关目前的规定,进出口货物收发货人必须依法向海关注册登记后方能办理报关业务。

(2)代理报关:指接受进出口货物收发货人的委托代理其办理报关手续的行为。我国《海关法》把有权接受他人委托办理报关业务的企业称为报关企业。报关企业必须依法取得报关企业注册登记许可并向海关注册登记后方能从事代理报关业务。代理报关根据承担的法律责任不同又可以分为直接代理报关和间接代理报关。目前,我国报关企业大都采取直接代理形式代理报关,经营快件业务等国际货物运输代理企业适用间接代理报关。

（三）报关的内容

1. 进出境运输工具报关的基本内容

根据我国《海关法》规定，所有进出我国关境的运输工具必须经由设立海关的港口、车站、机场、国界孔道、国际邮件互换局（交换站）及其他可办理海关业务的场所申报进出境。进出境申报是运输工具报关的主要内容。

（1）运输工具申报

运输工具进出境报关时须向海关申明的主要内容有：运输工具进出境的时间、航次（车次）、停靠地点等；运输工具进出境时所载运货物情况，包括过境货物、转运货物、通运货物、卸（装）货物的基本情况；运输工具服务人员名单及其自用物品、货币等情况；运输工具所载旅客情况；运输工具所载邮递物品、行李物品的情况；其他需要向海关申报清楚的情况，如由于不可抗力原因，运输工具被迫在未设关地点停泊、降落或者抛掷起卸货物、物品等情况。除此以外，运输工具报关时还需提交运输工具从事国际合法性运输必备的相关证明文件，如船舶国籍证书、吨税执照、海关监管簿、签证簿等，必要时还需出具保证书或缴纳保证金。

（2）运输工具舱单申报

进出境运输工具舱单是指反映进出境运输工具所载货物、物品及旅客信息的载体，包括原始舱单、预配舱单和装（乘）载舱单。

①原始舱单，是指舱单传输人向海关传输的反映进境运输工具装载货物、物品或者乘载旅客信息的舱单。

②预配舱单，是指反映出境运输工具预计装载货物、物品或者乘载旅客信息的舱单。

③装（乘）载舱单，是指反映出境运输工具实际配载货物、物品或者载有旅客信息的舱单。

2. 进出境货物报关的基本内容

根据海关规定，进出境货物的报关业务应由依法取得报关从业资格并在海关注册的报关员办理。进出境货物的报关业务包括：按照规定填制报关单，如实申报进出口货物的商品编码、实际成交价格、原产地及相应的优惠贸易协定代码，并办理提交报关单证等与申报有关的事宜；申请办理缴纳税费和退税、补税事宜；申请办理加工贸易合同备案、变更和核销及保税监管等事宜；申请办理进出口货物减税、免税等事宜；办理进出口货物的查验、结关等事宜；办理应当由报关单位办理的其他事宜。海关对不同性质的进出境货物规定了不同的报关程序和要求。

3. 进出境物品报关的基本内容

海关对进出境物品监管的基本原则是：自用合理数量原则。海关监管进出境物品包括行李物品、邮递物品和其他物品，三者在报关要求上有所不同。

《海关法》规定，个人携带进出境的行李物品、邮寄进出境的物品，应当以自用、合理数量为限。所谓自用合理数量，对于行李物品而言，"自用"指的是进出境旅客本人自用、馈赠亲友而非为出售或出租，"合理数量"是指海关根据进出境旅客旅行目的和居留时间所规定的正常数量；对于邮递物品，则指的是海关对进出境邮递物品规定的征、免税限制。当今世界上大多数国家的海关法律都规定对旅客进出境采用"红绿通道"制度。我国海关也采用了"红绿通道"制度。

我国海关规定，进出境旅客在向海关申报时，可以在分别以红色和绿色作为标记的两种通道中进行选择。

带有绿色标志的通道称"无申报通道"（又称"绿色通道"），适用于携运物品在数量和价值上均不超过免税限额，且无国家限制或禁止进出境物品的旅客；带有红色标志的通道称"申报通道"（又称"红色通道"），适用于携带应向海关申报物品的旅客。对于选择"红色通道"的旅客，必须填写"中华人民共和国海关进出境旅客行李物品申报单"（以下简称"申报单"）或海关规定的其他申报单证，在进出境地向海关做出书面申报。

进出境邮递物品的申报方式由其特殊的邮递运输方式决定。我国是万国邮政联盟的成员国，根据《万国邮政公约》的规定，进出口邮包必须由寄件人填写"报税单"（小包邮件填写绿色标签），列明所寄物品的名称、价值、数量，向邮包寄达国家的海关申报。进出境邮递物品的"报税单"和绿色标签随同物品通过邮政企业或快递公司呈递给海关。

进出境其他物品包括暂时免税进出境物品和享有外交特权和豁免权的外国机构或者人员进出境物品。个人携带进出境的暂时免税进出境物品须由物品携带者在进境或出境时向海关做出书面申报，并经海关批准登记，方可免税携带进出境，而且应由本人复带出境或进境。享有外交特权和豁免权的外国机构或者人员进出境物品包括外国驻中国使馆和使馆人员，以及外国驻中国领事馆、联合国及其专门机构和其他国际组织驻中国代表机构及其人员进出境的公务用品和自用物品。外国驻中国使馆和使馆人员进出境公用自用物品应当以海关核准的直接需用数量为限。

（四）出口报关的具体流程

在进出口贸易的实际业务中，绝大多数是卖方负责出口货物报关，买方负责进口货物报关。即绝大多数的贸易公司只是同自己国家的海关打交道。

1. 国内客户与外商签订出口合同，确定由国内出口货物到国外。(此时国内出口商应当知道出口此类商品需要何种相应需要的出口监管证件，如出口许可证、商检、配额证、机电证等)。

2. 国内出口商联系运输公司（或者在 FOB 条款下由国外客户联系运输公司），通常出口商会通过货代（或者直接与船公司联系）作一站式服务（从产地一直到船边的所有运输过程）。

3. 货代根据出口商的要求（货物目的国家、货物重量、体积等），负责安排拖车、订舱、报关、装船的手续。

4. 当货物在安排拖车运输前（或者运输同时），出口商需要提供出口报关所必需的报关资料（外汇核销单、出口合同、发票、装箱单、报关委托书以及根据货物所受国家海关监管出口需要的证书：如许可证等），也有些没有进出口经营权的出口商可以通过贸易公司代理出口，由他们提供上述文件及办理后续结汇收款及退税的手续。

5. 当货物经拖车运到指定出口口岸（根据订舱时的船公司及船名决定了出口口岸），货柜进入码头堆场闸口时，开始受到口岸海关的正式监管，此时货柜无论出入码头堆场都必须经过海关同意才能继续运作。（有时货柜进入码头堆场后发现货物短装、质量有问题等，需要重新将货柜提出码头堆场，就必须向海关申请"监管出闸"手续，在海关查核实际情况与汇报相符的情况下监管货柜离开码头堆场。）

6. 当货柜进入码头堆场后，码头电脑会纪录此货柜的进场时间、柜号、封条号、堆场位置等信息，并通过与海关电脑联网受到海关电脑的监控。此时才可以正式向海关申报出口。

（五）进口报关的具体流程

一般贸易进口，首先要确定付款方式是 T/T（电汇）还是 L/C（信用证）。如果是 L/C，那就要先开信用证，确定进口的船期。等船到以后，开始进行进口报关的操作。

1. 首先是要得到国外客户的提单、发票、箱单（从韩国和日本进口的货物还需要非木质包装证明）。

2. 携提单到船公司换回该批货物的提货单，也就是舱单。上面写有进口货物的详细船务信息。

3. 通过商品编码书自查或请货代帮忙查询进口货物是否需要商检。若需要，则要提前到商检局进行商检。

4. 换单和商检后，填好进口报关单给货代进行报关，报关所需的资料是：发票、箱单、从船公司换回的提货单、报关委托书、进口货物报关单、商检证（若需要）等。

5. 一般贸易进口货要交进口关税，在海关打出缴款书后开具支票（一般进口货物需要用支票交费）。一般是到中国银行交关税，等交完关税以后，银行会在缴款书上盖章。

6. 把交款书交给货代，然后由货代给海关通关放行（这就是一般所说的一次放行）。

7. 海关收到关税以后会在提货单上加盖放行章，携此提货单到船公司所在的码头提货（这就是一般所说的二次放行）。

海关经过审核报关单据、查验实际货物，并依法办理了征收货物税费手续或减免税手续后，在有关单据上加盖放行章，货物的所有人或其代理人才能提取或装运货物。此时，海关对进出口货物的监管才算结束。

二、关税

在各国，关税一般属于国家最高行政单位指定税率的高级税种，对于对外贸易发达的国家而言，关税往往是国家税收乃至国家财政的主要收入。政府对进出口商品都可征收关税，但进口关税最为重要，是主要的贸易措施。

1. 关税的定义

关税是指一国海关根据该国法律规定，以进出口关境的货物和物品为征税对象而征收的一种商品税。可从以下方面理解：

（1）关税是一种税收形式。关税与其他税收的性质是一样的，征税主体都是国家。不同的是其他税收主要是由税务机关征收，而关税是由海关征收。

（2）关税的征税对象是货物和物品。关税只对有形的货品征收，对无形的货品不征关税。

（3）关税的征税对象范围是进出口关境的货物和物品。

2. 关税的特点

（1）征收的对象是进出境的货物和物品。

（2）关税是单一环节的价外税。

（3）有较强的涉外性。

3. 关税的作用

（1）维护国家主权和经济利益

（2）保护和促进本国工农业生产的发展

（3）调节国民经济和对外贸易

（4）筹集国家财政收入

4. 关税的种类

（1）按征税对象进行分类

①进口税：进口税是海关对进口货物和物品所征收的关税，它是关税中最主要的

一种。

②出口税：出口税是海关对出口货物和物品所征收的关税。

③过境税：过境货物是指由境外启运，通过境内继续运往境外的货物。

（2）按征税性质分类

①普通关税：普通关税又称一般关税，是对与本国没有签署贸易或经济互惠等友好协定的国家和地区按普遍税率征收的关税。

②优惠关税：优惠关税一般是互惠关税，即优惠协定的双方互相给对方优惠待遇的关税。

③差别关税：差别关税实际上是保护主义政策的产物，是保护一国产业所取得的特别手段。差别关税最早产生并运用于欧洲。

（3）按保护形式和程度分类

①关税壁垒：关税壁垒是指一国政府以提高关税的办法限制外国商品进口的措施。

②非关税壁垒：非关税壁垒是指除关税以外的一切限制进口的措施，有直接非关税壁和间接非关税壁垒之分。

三、征收关税的方法

征收关税主要采用从量税和从价税的征税方法，在这两种主要征税方法的基础上，又有混合税。

1. 从量税

从量税是以商品的重量、数量、容量、长度和面积等计量单位为标准计征的关税，大部分是以商品的重量来征收的，有的按商品的净重计征，有的按商品的毛重（包括商品的包装重量在内）计征，有的按法定重量计征。征收从量税，在物价上涨时，税额不能随之增加，财政收入相对减少，难以达到财政关税和保护关税的作用。从量税计算公式为：从量税额 = 商品数量 × 从量税率。

2. 从价税

从价税是以进口商品的价格为标准计征的关税，其税率表现为货物价格的百分率。目前，大多数发达国家普遍采用这种方法计征关税，我国也采用从价税。从价税额的计算公式为：从价税额 = 商品总值 × 从价税率。

从价税额与商品价格有直接关系。它与商品价格的涨落成正比关系，故它的保护作用与价格有着密切关系。一般说来从价税有以下几个优点。

第一，从价税的征收比较简单，对于同种商品，可以不必因其品质的不同，再详加分类。

第二，税率明确，便于比较各国税率。

第三，税收负担较为公平。因从价税税额随商品价格与品质的高低而增减，比较符合税收的公平原则。

第四，在税率不变时，税额随商品价格上涨而增加，这样既可增加财政收入，又可起保护关税的作用。

在征收从价税时，较为复杂的问题是确定进口商品的完税价格。完税价格是经海关审定作为计征关税的货物价格，是决定税额多少的重要因素，发达国家总是高估完税价格，多征进口税，尽量阻止商品进口，借以垄断国内市场。目前发达国家多数规定以正常价格作为完税价格。所谓正常价格是指独立的买卖双方在自由竞争的条件下成交的价格。若发票金额与正常价格一致，即以发票价格作为完税价格；若发票价格低于正常价格，则根据海关估定价格作为完税价格，也有的国家用 CIF 价（到岸价格）或 FOB 价（交货价格）。我国以 CIF 价作为征收进口税的完税价格。

3. 混合税

混合税又称复合税，它是对某种进口商品，同时采用从量税和从价税征收关税的一种方法。混合税的计算公式为：混合税额 = 从量税额 + 从价税额。

混合税分为两种：一种是以从量税为主加征从价税。例如，美国曾对男式开司米羊绒衫（每磅价格在 18 美元以上者）征收最惠国税率，每磅从量税征收 37.5 美分加征从价税 15.5%。另一种是以从价税为主加征从量税。例如，日本曾对手表（每只价格在 6000 日元以下）的进口手表征收从价税 15% 加征每只 150 日元的从量税。

4. 选择税

选择税是对于一种进口商品同时定有从价税和从量税两种税率，但征税时选择其税项较高的一种征税方法。例如，日本曾对布匹的进口征收协定税率为 7.5% 或每平方米 6 日元，征收最高者。但有时，为了鼓励某种商品进口，也可选择其中税额低者征收。

第三节　主要国家的对外贸易

全球经济发展萎靡不振，各国之间传统进出口贸易摩擦不断增多，在此背景下诞生的跨境电商已经成为近年全球电商领域的新热点。

2013 年 9 月和 10 月，中国国家主席习近平在出访中亚和东南亚国家期间，先后提出共建"丝绸之路经济带"和"21世纪海上丝绸之路"（以下简称"一带一路"）的重大倡议，得到国际社会高度关注。加快"一带一路"建设，有利于促进沿线各国经济繁荣与区域经济合作，加强不同文明交流互鉴，促进世界和平发展，是一项造福世界各国人民的伟大事业。"一带一路"贯穿亚欧非大陆，一头是活跃的东亚经济圈，一头是发达的欧洲经济圈，中间广大腹地国家经济发展潜力巨大。丝绸之路经济带重点畅通中国经中亚、俄罗斯至欧洲（波罗的海）；中国经中亚、西亚至波斯湾、地中海；中国至东南亚、南亚、印度洋。21世纪海上丝绸之路重点方向是从中国沿海港口过南海到印度洋，延伸至欧洲；从中国沿海港口过南海到南太平洋。（摘自文件《推动共建丝绸之路经济带和21世纪海上丝绸之路的愿景与行动》）

在"一带一路"倡议以及"亚投行"（即亚洲基础设施投资银行）各国热情参与的时代大背景下，跨境电商毫无疑问成为当前中国的政策红利之一，也是发展了20多年的中国电子商务产业最具活力和想象空间的新领域。

除了国际贸易大环境的变化以及国家政策的推动，中国进口跨境电商的迅猛发展也跟国内的消费环境变化有关。中国消费者对进口商品的需求与日俱增，中国跨境电商进口业务得以发展。

一、中国与"一带一路"沿线国家的经贸合作情况

中国商品通过电商平台，已销往俄罗斯、乌克兰、波兰、泰国、埃及、沙特阿拉伯等54个"一带一路"沿线国家和地区。同时，超过50个"一带一路"沿线国家和地区的商品通过电商走进了中国。跨境电商消费大数据显示，手机、电脑和网络产品、电子配件、家居用品是最受海外市场欢迎的中国网购商品。智能产品、汽车配件、运动户外、美容健康产品的海外电商销售也增势迅猛。

2017年，我国与沿线国家贸易额7.4万亿元人民币，同比增长17.8%，增速高于全国外贸增速3.6个百分点。其中，出口4.3万亿元人民币，增长12.1%，进口3.1万亿元人民币，增长26.8%；我国企业对沿线国家直接投资144亿美元，在沿线国家新签承包工程合同额1443亿美元，同比增长14.5%。

1. 重大项目扎实推进。东非铁路网起始段肯尼亚蒙内铁路竣工通车，中老铁路首条隧道全线贯通，中泰铁路一期工程开工建设，匈塞铁路、卡拉奇高速公路等项目进展顺利。中国—白俄罗斯工业园、埃及苏伊士经贸合作区等成为"一带一路"经贸合作的典范。

2. 自贸区建设取得突破。与格鲁吉亚、马尔代夫签署自贸协定，与摩尔多瓦、毛里求斯正式启动自贸协定谈判，推动区域全面经济伙伴关系协定（RCEP）谈判取得积

极进展。

3. 对外援助效应提升。启动"共筑援助之桥畅通'一带一路'"行动，落实重大援助举措，积极为沿线发展中国家提供力所能及的援助。稳步推动改善民生的援助项目建设，开办南南合作与发展学院，举办专题培训班，帮助受援国增强自主发展能力。

党的十九大对推进"一带一路"建设做出了新的部署。我国将继续坚持共商共建共享原则，积极推进"一带一路"国际合作，努力实现政策沟通、设施联通、贸易畅通、资金融通、民心相通，打造国际合作新平台，增添共同发展新动力，与"一带一路"有关国家共同推动开放型世界经济建设，实现互利共赢、共同发展。

二、中欧班列成"一带一路"国际贸易重要桥梁

亚欧大陆拥有世界人口的75%，地区生产总值约占世界总额的60%，东面是活跃的东亚经济圈，西面是发达的欧洲经济圈，中间广大腹地经济发展潜力巨大。特别是"一带一路"沿线国家资源禀赋各异，经济互补性强，合作空间广阔。随着"一带一路"建设深入推进，我国与欧洲沿线国家的经贸往来发展迅速，物流需求旺盛，贸易通道和贸易方式不断丰富和完善，为中欧班列带来了难得的发展机遇。

按高于客车等级安排中欧班列开行，中欧班列日均运行1300公里，正点率接近100%。全程运行时间大幅压缩，最快12天抵达欧洲，运输时间是海运的1/3。目前，中欧班列全程费用较开行之初已下降30%以上，仅为空运价格的1/5，受到沿线国家政府和企业的欢迎。2017年地处克拉玛依的新疆贝肯能源工程股份有限公司的钻井设备先后搭乘中欧班列运至俄罗斯、乌克兰等地。相比海运和公路运输，中欧班列拥有更大的承载量，不仅缩短了运输时间，还降低了运输成本。中欧班列的开行，为中国企业、中国装备走出去提供了重要支撑。

至2017年年底，作为"一带一路"建设标志性成果的中欧班列已经开行6637列，运行线61条，国内开行城市达到38个，到达欧洲13个国家36个城市。自中国提出"一带一路"倡议以来，目前多个省区均已开通国际货运班列。

作为铁路沿线重要途经国家，格鲁吉亚近年来积极响应中国"一带一路"倡议，大力对本国铁路设施进行现代化改造，将打造亚欧交通枢纽、发展过境运输作为国家发展战略，努力搭上中国经济发展的"顺风车"。2018年，国务院再次下调部分商品的进出口关税，其中格鲁吉亚红酒进口关税由14%至30%降为零，这将进一步带动中

国与格鲁吉亚的外贸发展。

中国和哈萨克斯坦两国合作开辟中欧班列新通道，通过铁海联运，班列途径土耳其直达欧洲，为中国通往欧洲提供了第二条铁路大通道。为中国至格鲁吉亚、伊朗、阿塞拜疆、土耳其和欧洲等国互通往来提供了一条高效、便捷的物流运输新通道。随着土耳其东北部至里海间交通瓶颈的打通，以及中国至阿塞拜疆铁海联运中欧班列的开通，未来中国的商品与原材料可以沿着铁路更加便捷地直达高加索地区、土耳其及欧洲市场，也能在一定程度上扩大中国与沿线国家和地区的经贸往来。

中欧班列的开行加强创新能力开放合作，形成陆海内外联动、东西双向互济的开放格局，不仅为"中国制造"走出去创造了机会，更为中国与欧亚国家开展产能合作搭建了桥梁。

三、"一带一路"倡议下跨境电商的经济合作

我国和沿线国家互通有无、优势互补，共享机遇、共迎挑战，互利的合作纽带越拉越紧，共赢的伙伴网络正在织就。以互联网企业为代表的新业态经济也正在积极布局、并肩出海，跨境电商迎来爆发式增长，成为驱动贸易发展不可忽视的一股新动能。

广东中山一家企业的LED灯具在越南等国实现批量销售，销量不断走高；山东青岛生产的打气筒、钢丝刷、活扳手等在阿联酋深受好评；来自江苏苏州的婚礼手套、绣花筒裙、花篮等婚礼产品在加拿大广受欢迎。这些都得益于通过电子商务网站平台实现跨境贸易。

阿里巴巴俄罗斯速卖通的第一座实体展厅，是设在莫斯科地铁"共青团站"背后和两大客运火车站之间的一座显眼的橙色板房。2016年，在俄罗斯莫斯科，90%的外国邮包来自中国。根据俄罗斯电子商务协会与俄罗斯邮局的调查报告，2016年中国网店销售额占据俄罗斯跨境在线贸易总额的52%。特恩斯市场研究公司2017年1月的数据显示，速卖通平台共有2220万用户。俄罗斯本地生产商和卖家也加入速卖通。速卖通飞一般的发展速度，冲击并改变了当地邮政、金融和电子商务系统。

在阿联酋的迪拜，重庆大龙网开展"渠道通"建设，专为中小企业牵线搭桥，为他们提供货款回收、出口退税等一条龙服务，助其走出国门。现在，许多中小企业的产品都已经远销多国，让当地人爱上了中国货。

湖州市吴兴区打造了全国首个县区级的国际电子商务应用平台——吴兴国际电子商务应用平台，并设立了一家进出口有限公司，专门服务中小型童装企业出口。浙江

省湖州市吴兴区织里镇,一家名叫布衣草人的童装企业。通过跨境电子商务,把童装布衣草人沿着"一带一路"卖到了欧洲和东南亚,2017 年跨境电商销售额日均 1500 美元,产品出口 10 多个国家和地区。

"一带一路"旨在借用古代丝绸之路的历史符号,积极发展与沿线国家的经济合作伙伴关系,共同打造政治互信、经济融合、文化包容的利益共同体、命运共同体和责任共同体。当前,中国经济和世界经济高度关联,推进"一带一路"建设既是中国扩大和深化对外开放的需要,也是加强和亚欧非及世界各国互利合作的需要。

思考与训练

1. 简述国际贸易政策的概念和类型。
2. 简述电子商务的类型。
3. 简述跨境电子商务在国际贸易中的作用。
4. 简述跨境电子商务发展给国际市场环境带来哪些变化。

参考文献

[1] 吴国新. 国际贸易理论. 政策. 实务[M]. 4 版. 上海:上海交通大学出版社,2011.

[2] 朱江,刘阳威,谢孟军. 进出口报关实务[M]. 北京:教育科学出版社,2014.

[3] 杜丹. 国际贸易理论与实务[M]. 北京:现代教育出版社,2011.

[4] 注册税务师执业资格考试研究中心. 税法 1(2013 版)[M]. 北京:中国经济出版社,2013.

[5] 伍丹. 电子商务对国际贸易的影响探讨[J]. 改革与开放,2012(8):57-58.

[6] 姜煜. 报告称中国与"一带一路"沿线国家和地区跨境电商贸易额大增[EB/OL]. (2017-5-15)[2018-5-9]. http://news.sina.com.cn/o/2017-05-15/doc-ifyfecvz1432459.shtml.

[7] 樊曦,吴中熙. 中欧班列:推动"一带一路"贸易互联互通[EB/OL]. (2018-2-13)[2018-5-9]. http://www.jjckb.cn/2018-02/13/c_136971429.htm.

[8] 曲颂,蒋云龙,方敏,郑轶平. 远航吧跨境电商(一带一路合作共赢·大数据观察·聚焦一带一路)[EB/OL]. (2017-5-9)[2018-5-9]. http://world.huanqiu.com/hot/2017-05/10626292.html.

附录

附录 A　大学生创新创业创意类竞赛指南

一、中国创新创业大赛

大赛简介：中国创新创业大赛是由科技部、财政部、教育部、国家网信办和全国工商联等部门联合主办的一项以"科技创新，成就大业"为主题的全国性创业比赛。大赛秉承"政府主导、公益支持、市场机制"的模式，既有效发挥了政府的统筹引导能力，又最大化地聚合激发了市场活力。大赛不仅包含新材料、生物医药、新能源及节能环保、先进制造、电子信息、互联网等行业赛，而且每年会根据实际情况开展专业赛，在全国各省市都设有赛区。大赛已成功举办六届，是国内目前规格较高、影响力较大的创新创业赛事。

大赛官网：http://www.cxcyds.com

二、全国青少年科技创新大赛

大赛简介：全国青少年科技创新大赛是由中国科协、教育部、科技部、环保部、体育总局、共青团中央、全国妇联、知识产权局等部门共同主办的一项面向全国青少年和科技辅导员开展的综合性科技竞赛活动，是国内青少年科技爱好者的一项重要赛事，已成功举办 32 届，每年约有 1000 万名青少年参加不同层次的活动。已与国际上许多青少年科技竞赛活动建立了联系，每年都从大赛中选拔出优秀的科学研究项目参加国际科学与工程大奖赛（ISEF）、欧盟青少年科学家竞赛等国际青少年科技竞赛活动。

大赛官网：http://castic.xiaoxiaotong.org

三、"挑战杯"全国大学生课外学术科技作品竞赛

大赛简介："挑战杯"全国大学生系列科技学术竞赛是由共青团中央、中国科协、教育部和全国学联共同主办的全国性的大学生课外学术实践竞赛。"挑战杯"竞赛分为中国大学生创业计划竞赛和全国大学生课外学术科技作品竞赛两个项目，这两项竞赛的全国赛轮流开展，每个项目每两年举办一届。"挑战杯"始终坚持"崇尚科学、追求真知、勤奋学习、锐意创新、迎接挑战"的宗旨，在促进青年创新人才成长、深化高校素质教育、推动经济社会发展等方面发挥了积极作用，在广大高校乃至社会上产生

了广泛而良好的影响，被誉为当代大学生科技创新的"奥林匹克"盛会。

大赛官网： http://www.tiaozhanbei.net

四、中国"互联网+"大学生创新创业大赛

大赛简介： 中国"互联网+"大学生创新创业大赛由教育部、中央网络安全和信息化领导小组办公室、国家发展和改革委员会、工业和信息化部、人力资源和社会保障部、国家知识产权局、中国科学院、中国工程院、共青团中央等单位联合主办，大赛以"拥抱'互联网+'时代，共筑创新创业梦想"为主题。主要目的是激发大学生的创造力，培养造就"大众创业、万众创新"的生力军，提高高校学生的创新精神、创业意识和创新创业能力，并进一步以创新引领创业、创业带动就业，推动高校毕业生以更高质量创业就业。

大赛官网： http://cy.ncss.org.cn

五、中国大学生服务外包创新创业大赛

大赛简介： 中国大学生服务外包创新创业大赛由教育部、商务部和无锡市人民政府联合主办，每年一届。大赛的主要目的是搭建产学结合的大学生服务外包创新创业能力展示平台；促进校企交流，促进高等教育为服务经济发展提供人才保障；宣传服务经济，提升社会公众对服务外包产业发展的关注度和重视度。大赛在选题上呼应服务外包产业，关注服务科学；在形式上，注重学生的团队协作，在虚拟的商业环境中解决问题。

大赛官网： http://www.fwwb.org.cn

六、全国大学生电子商务"创新、创意及创业"挑战赛

大赛简介： 全国大学生电子商务"创新、创意及创业"挑战赛（简称"三创赛"）由中华人民共和国教育部主管，教育部高等学校电子商务类专业教学指导委员会主办，是激发大学生兴趣与潜能，培养大学生创新意识、创意思维、创业能力以及团队协同实战精神的学科性竞赛。竞赛分为校赛、省赛和全国总决赛三级赛事，每年一届，已连续举办八届。该赛事在全国高校和社会影响力较大，极大地促进了大学生的就业和创业。

大赛官网： http://www.3chuang.net

七、全国大学生网络商务创新应用大赛

大赛简介： 全国大学生网络商务创新应用大赛是在工信部、教育部的指导与支持下，

由中国互联网协会主办的全国性大学生创新创业实践类赛事活动,是"互联网实训促就业工程"的重要推动形式。自2007年首届启动以来,每年组织一届。大赛以各行业企业的真实商业问题作为竞赛项目,要求参赛大学生创新应用主流网络工具平台,提供商业解决方案并且予以实施,可以有效提升大学生的职业能力,促进大学生的就业和创业能力。

大赛官网: http://www.newwinner.cn

八、"中国软件杯"大学生软件设计大赛

大赛简介: "中国软件杯"大学生软件设计大赛由工业和信息化部、教育部、江苏省人民政府联合主办,是一项面向中国在校学生的公益性赛事。大赛致力于正确引导我国在校学生积极参加软件科研活动,切实增强自我创新能力和实际动手能力,通过富有自由、开放、创新精神的软件类别设计大赛,为广大青年才俊提供一个脱颖而出的平台,为我国软件和信息技术服务业培养出更多高端、优秀的人才。

大赛官网: http://www.cnsoftbei.com

九、"北斗杯"全国青少年科技创新大赛

大赛简介: "北斗杯"全国青少年科技创新大赛(简称"BD – CASTIC")由教育部科学技术司、共青团中央学校部、中国科协青少年科技中心、中国卫星导航系统管理办公室于2010年联合启动,是中国青少年卫星导航领域高层次、高水平、大规模的科技盛会。本活动旨在大力宣传北斗系统的科普知识,开拓培养与交流的渠道,搭建全国青少年科技文化交流的平台,提高青少年的科技创新能力、实践能力,打造我国青少年科技活动知名品牌,为北斗系统工程建设与应用创新增添活力。

大赛官网: http://www.bdlead.cn

十、"西门子杯"中国智能制造挑战赛

大赛简介: "西门子杯"中国智能制造挑战赛是在教育部与西门子(中国)有限公司签订的战略合作框架下的一项国家级赛事,由教育部高等学校自动化类专业教学指导委员会、西门子(中国)有限公司和中国仿真学会联合主办。大赛的方向涉及智能制造领域中的科技创新、产品研发、工程设计和智能应用等,主要面向全国控制科学与工程、电气工程、机械工程、仪表科学与工程、信息与通信工程、计算机科技与技术等相关学科的研究生、本科生,和全国自动化类、机电设备类、机械设计制造类、电子信息类、计算机类及通信类等相关专业的高职高专学生。

大赛官网: http://www.siemenscup – cimc.org.cn

十一、全国大学生机器人大赛

大赛简介：全国大学生机器人大赛是由共青团中央、全国学联、深圳市人民政府联合主办，深圳市大疆创新科技有限公司发起并承办的全国级机器人赛事，是一个为青年工程师打造的全球性机器人竞技平台。比赛要求参赛队员走出课堂，组成机甲战队，独立研发制作多种地面和空中机器人参与团队竞技，以击毁敌方基地为获胜条件。参赛学生将通过大赛获得宝贵的实践技能和战略思维，将理论与实践相结合，在激烈的竞争中打造先进的智能机器人。

大赛官网：https://www.robomaster.com/zh-CN/robo/about

十二、全国大学生机械创新设计大赛

大赛简介：全国大学生机械创新大赛是经教育部高等教育司批准，由教育部高等学校机械学科教学指导委员会主办，机械基础课程教学指导分委员会、全国机械原理教学研究会、全国机械设计教学研究会、北京中教仪科技有限公司联合著名高校共同承办，面向大学生的群众性科技活动。目的在于综合设计能力与协作精神；加强学生动手能力的培养和工程实践的训练，提高学生针对实际需求进行机械创新、设计、制作的实践工作能力，吸引、鼓励广大学生踊跃参加课外科技活动，为优秀人才脱颖而出创造条件。

大赛官网：http://www.umic.zjut.edu.cn（第八届）

十三、全国大学生节能减排社会实践与科技竞赛

大赛简介：全国大学生节能减排社会实践与科技竞赛是由教育部高等教育司主办、唯一由高等教育司办公室主抓的全国大学生学科竞赛。该竞赛充分体现"节能减排、绿色能源"的主题，紧密围绕国家能源与环境政策，紧密结合国家重大项目，在教育部的直接领导和广大高校的积极协作下，起点高、规模大、精品多、覆盖面广，是一项具有导向性、示范性和群众性的全国大学生竞赛。本活动每年举办一次，竞赛主要目的是激发当代大学生的青春活力，创新实践能力。

大赛官网：http://www.jienengjianpai.org/

十四、全国大学生智能汽车竞赛

大赛简介：全国大学生智能汽车竞赛由教育部高等学校自动化类专业教学指导委员会主办。大赛以设置制作在特定赛道上能自主行驶且具有优越性能的智能模型汽车这类复杂工程问题为任务，鼓励大学生组成团队，综合运用多学科知识，提出、分析、

设计、开发并研究智能汽车的机械结构、电子线路、运动控制和开发与调试环境等问题，激发大学生从事工程技术开发和科学研究探索的兴趣和潜能，倡导理论联系实际、求真务实的学风和团队协作的人文精神。

大赛官网：http://www.smartcar.au.tsinghua.edu.cn

十五、全国大学生红色旅游创意策划大赛

大赛简介：全国大学生红色旅游创意策划大赛是由国家旅游局（中华人民共和国文化和旅游部）主办的大学生旅游项目设计赛事。大赛以"红色导向，传承基因，不忘初心，面向未来"为宗旨，参赛范围广、参赛院校多、参赛队伍庞大，是教育部全国大学生思想政治工作的精品项目之一。大赛强调对红色旅游发展的推动效果、对老区经济社会文化发展的带动作用、对旅游精准扶贫的影响力度，通过项目征集、方案展示、成果应用，为创新旅游理念、开发旅游产品、推广旅游宣传提供新思路、新方法，提升了各举办地的知名度和影响力，也从落细落小、入脑入心、濡养默化三方面入手着力打造了针对性强、感受性高和呈现性佳的思想政治教育新渠道。

大赛官网：http://redtourism.bisu.edu.cn/

十六、3S杯全国大学生物联网技术与应用"三创（创意设计、创新技术、创业方案）"大赛

大赛简介：3S杯全国大学生物联网技术与应用"三创（创意设计、创新技术、创业方案）"大赛由中国通信学会与南京市人民政府联合主办，旨在引导全国大学生围绕互联网+行动计划开展信息技术与产业应用协同创新，运用物联网的技术思想创新研究物联网智慧服务系统（Smart Service System，简称3S）关键技术和解决方案，激发大学生的创新意识和创业精神，重点培养大学生在物联网和互联网+领域发现问题、提出问题和解决问题的能力。

大赛官网：http://3s.njupt.edu.cn/

十七、"创青春"中国青年创新创业大赛

大赛简介："创青春"中国青年创新创业大赛由共青团中央、中央网信办、工业和信息化部、人力资源和社会保障部、农业部、商务部、国务院扶贫办、全国学联等单位主办，旨在搭建青年创新创业日常展示交流、资源对接、项目孵化等平台，整合创业服务机构、创业园区、创投基金、创业导师等资源，营造关心支持青年创新创业的社会氛围，帮助广大青年增强创业能力、提高创业成功率，并重点扶持符合国家产业发展导向，在科技含量、商业模式创新等方面具有发展潜力的创业项目和团队。

大赛官网：http://cqc.casicloud.com

十八、iCAN 国际创新创业大赛

大赛简介：iCAN 国际创新创业大赛（International Contest of innovAtioN，简称 iCAN 大赛）暨中国选拔赛是由国际 iCAN 联盟、教育部创新方法教学指导分委员会和全球华人微纳米分子系统学会联合主办、北京大学承办的面向大学生创新创业的年度竞赛，是教育部质量工程支持项目之一。iCAN 大赛秉承"自信、坚持、梦想"的精神，倡导科技创新创业服务社会、改善人类生活，引导和激励高校学生勇于创新，发现和培养一批有作为、有潜力的优秀青年创新创业人才，促进和加强以物联网、智能硬件等为代表的高科技领域的产学研结合，推动高科技产业的发展，为高科技创新创业搭建国际交流平台。

大赛官网：http://china.ican-contest.org

十九、国际青少年创新设计大赛

大赛简介：国际青少年创新设计大赛（IC），由国际青少年创新设计大赛委员会主办，该大赛秉承"创新驱动发展、设计改变生活、人才引领未来"的理念，致力于培养青少年自主能力、协同能力、探究能力、实践能力、创新能力、国际视野和人文素养；IC 对大、中、小学开展创业、创客、创新教育和课程改革、加强校内与校外之间的联系起到积极示范作用，为国内外知名高校选拔拔尖创新人才提供参考。

大赛官网：http://www.biyidc.com

附录 B　大学生创新创业支持政策

目前，从中央到各级地方政府，都出台了各项扶持政策，涉及创新创业指导、企业开办、税收优惠、贷款支持、落户支持、创新创业教学改革、学籍管理等多方面，以支持大学生的创新创业。

一、国务院层面

1．国办函〔2015〕90 号《国务院办公厅关于同意建立推进大众创业万众创新部际联席会议制度的函》

网页链接：http://www.ncss.org.cn/tbch/glzcdxscxcywjhb/gwy/291055.shtml

主要目的：进一步加强统筹协调，形成工作合力，共同推进大众创业万众创新蓬

勃发展。

2．国办发〔2015〕47号《国务院办公厅关于支持农民工等人员返乡创业的意见》

网页链接：http://www.ncss.org.cn/tbch/glzcdxscxcywjhb/gwy/291053.shtml

主要目的：支持农民工、大学生和退役士兵等人员返乡创业，通过大众创业、万众创新使广袤乡镇百业兴旺，可以促就业、增收入，打开新型工业化和农业现代化、城镇化和新农村建设协同发展新局面。

3．国办发〔2015〕9号《国务院办公厅关于发展众创空间推进大众创新创业的指导意见》

网页链接：http://www.ncss.org.cn/tbch/glzcdxscxcywjhb/gwy/291051.shtml

主要目的：加快实施创新驱动发展战略，适应和引领经济发展新常态，顺应网络时代大众创业、万众创新的新趋势，加快发展众创空间等新型创业服务平台，营造良好的创新创业生态环境，激发亿万群众创造活力，打造经济发展新引擎。

4．国发〔2015〕32号《国务院关于大力推进大众创业万众创新若干政策措施的意见》

网页链接：http://www.ncss.org.cn/tbch/glzcdxscxcywjhb/gwy/291049.shtml

主要目的：不断拓展大众创业、万众创新的空间，汇聚经济社会发展新动能，促进我国经济保持中高速增长、迈向中高端水平。

5．国发〔2015〕23号《国务院关于进一步做好新形势下就业创业工作的意见》

网页链接：http://www.ncss.org.cn/tbch/glzcdxscxcywjhb/gwy/291048.shtml

主要目的：实施更加积极的就业政策，把创业和就业结合起来，以创业创新带动就业，催生经济社会发展新动力，为促进民生改善、经济结构调整和社会和谐稳定提供新动能。

6．国办函〔2015〕47号《国务院办公厅关于印发进一步做好新形势下就业创业工作重点任务分工方案的通知》

网页链接：http://www.ncss.org.cn/tbch/glzcdxscxcywjhb/gwy/291054.shtml

主要目的：贯彻实施《国务院关于进一步做好新形势下就业创业工作的意见》（国发〔2015〕23号），进一步分解细化涉及本部门的工作，逐项推进落实。

7．国办发〔2015〕36号《国务院办公厅关于深化高等学校创新创业教育改革的实施意见》

网页链接：http://www.ncss.org.cn/tbch/glzcdxscxcywjhb/gwy/291052.shtml

主要目的：形成一批可复制可推广的制度成果，普及创新创业教育，实现新一轮大学生创业引领计划预期目标。

8．国发〔2015〕53号《国务院关于加快构建大众创业万众创新支撑平台的指导意见》

网页链接：http://www.ncss.org.cn/tbch/glzcdxscxcywjhb/gwy/291050.shtml

主要目的：加快构建大众创业万众创新支撑平台、推进四众持续健康发展。

二、各部委层面

1. 发改委

（1）发改办高技〔2015〕2576 号《国家发展改革委办公厅关于做好 2015 年全国大众创业万众创新活动周组织筹备工作的通知》

网页链接：http://www.ncss.org.cn/tbch/glzcdxscxcywjhb/gbw/fgw/291058.shtml

主要目的：落实《国务院关于加快构建大众创业万众创新支撑平台的指导意见》（国发〔2015〕53 号）文件精神。

（2）发改振兴〔2015〕1488 号《关于促进东北老工业基地创新创业发展打造竞争新优势的实施意见》

网页链接：http://www.ncss.org.cn/tbch/glzcdxscxcywjhb/gbw/fgw/291057.shtml

主要目的：推动东北老工业基地发展方式由主要依靠要素驱动向更多依靠创新驱动转变，再造区域竞争新优势。

2. 人社部

（1）国科发农〔2010〕193 号《关于协助组织参加科技特派员农村科技创新创业大赛的通知》

网页链接：http://www.ncss.org.cn/tbch/glzcdxscxcywjhb/gbw/kjb/291060.shtml

主要目的：深入开展农村科技创新创业，引导科技、人才、资金等创新要素向农业农村逆向流动，发展现代农业，推动社会主义新农村建设。

（2）国科发农〔2010〕183 号《关于举办中国农业科技创新创业大赛的通知》

网页链接：http://www.ncss.org.cn/tbch/glzcdxscxcywjhb/gbw/kjb/291059.shtml

主要目的：推进城乡经济社会一体化发展的根本要求，深入开展农村科技创新创业，引导科技、人才、资金等创新要素向农业农村逆向流动，发展现代农业，推动社会主义新农村建设。

3. 财政部

（1）财税〔2015〕18 号《关于支持和促进重点群体创业就业税收政策有关问题的补充通知》

网页链接：http://www.ncss.org.cn/tbch/glzcdxscxcywjhb/gbw/czb/291063.shtml

主要目的：进一步简化享受税收优惠政策程序。

（2）国家税务总局 财政部 人力资源和社会保障部 教育部 民政部公告 2015 年第 12 号《关于支持和促进重点群体创业就业有关税收政策具体实施问题的补充公告》

网页链接：http://www.ncss.org.cn/tbch/glzcdxscxcywjhb/gbw/czb/291064.shtml

主要目的：贯彻落实《财政部 国家税务总局 人力资源和社会保障部 教育部关于支持和促进重点群体创业就业税收政策有关问题的补充通知》（财税〔2015〕18号）精神。

（3）财税〔2015〕99号《关于进一步扩大小型微利企业所得税优惠政策范围的通知》

网页链接：http://www.ncss.org.cn/tbch/glzcdxscxcywjhb/gbw/czb/291056.shtml

主要目的：进一步发挥小型微利企业在推动经济发展、促进社会就业等方面的积极作用。

三、主要省市的创新创业支持政策

1. 北京市

（1）京教学〔2015〕1号《北京市教育委员会关于印发北京高校高质量就业创业计划的通知》

网页链接：http://www.ncss.org.cn/tbch/glzcdxscxcywjhb/gss/bj/291067.shtml

主要目的：为全面深化高等教育综合改革，大力推进北京高校毕业生就业创业工作取得新进展、新突破，促进高校毕业生高质量就业创业。

（2）京教学〔2015〕2号《北京市教育委员会关于印发北京地区高校示范性创业中心建设标准的通知》

网页链接：http://www.ncss.org.cn/tbch/glzcdxscxcywjhb/gss/bj/291068.shtml

主要目的：贯彻落实党中央、国务院和市委市政府关于做好高校毕业生就业创业工作的部署和要求，整体提升北京高校创业工作水平。

（3）京教学〔2015〕4号《北京市教育委员会北京市财政局关于印发〈北京高校大学生就业创业项目管理办法〉的通知》

网页链接：http://www.ncss.org.cn/tbch/glzcdxscxcywjhb/gss/bj/291069.shtml

主要目的：深入贯彻落实党中央、国务院和市委市政府关于做好高校毕业生就业创业工作的部署及要求，进一步"健全促进就业创业体制机制""促进以高校毕业生为重点的青年就业"，推进北京高校毕业生就业创业工作实现新突破。

（4）京教高〔2015〕15号《北京市教育委员会关于印发深化高等学校创新创业教育改革实施方案的通知》

网页链接：http://www.ncss.org.cn/tbch/glzcdxscxcywjhb/gss/bj/291070.shtml

主要目的：深化创新创业教育改革在服务国家创新驱动发展战略，服务北京科技创新中心建设中的重要作用，将深化创新创业教育改革作为推动学校综合改革的突破口。

2. 上海市

（1）《关于加快建设具有全球影响力的科技创新中心的意见》

网页链接：http://www.ncss.org.cn/tbch/glzcdxscxcywjhb/gss/sh/291094.shtml

主要目的：为全面落实中央关于上海要加快向具有全球影响力的科技创新中心进军的新要求，认真贯彻《中共中央、国务院关于深化体制机制改革加快实施创新驱动发展战略的若干意见》，适应全球科技竞争和经济发展新趋势，立足国家战略推进创新发展。

（2）沪府发〔2015〕36号《上海市人民政府关于进一步做好新形势下本市就业创业工作的意见》

网页链接：http://www.ncss.org.cn/tbch/glzcdxscxcywjhb/gss/sh/291093.shtml

主要目的：进一步做好新形势下上海市的就业创业工作。

3. 广州市

（1）粤教高〔2015〕16号《广东省教育厅关于深化高校创新创业教育改革的若干意见》

网页链接：http://www.ncss.org.cn/tbch/glzcdxscxcywjhb/gss/gd/291151.shtml

主要目的：认真贯彻落实《国务院办公厅关于深化高等学校创新创业教育改革的实施意见》（国办发〔2015〕36号），积极服务创新驱动发展战略，全面深化广东省高等学校创新创业教育改革，进一步提高人才培养质量。

（2）粤府〔2015〕78号《广东省人民政府关于进一步做好新形势下就业创业工作的实施意见》

网页链接：http://www.ncss.org.cn/tbch/glzcdxscxcywjhb/gss/gd/291150.shtml

主要目的：贯彻落实《国务院关于进一步做好新形势下就业创业工作的意见》（国发〔2015〕23号）精神。

附录C 创新创业中的主要法律

大学生开展创新创业活动，必须要学习和了解相关法律法规，一方面依法开展创新创业实践，另一方面当面对法律风险时，能够有效地维护自身的合法权益。大学生在开展创新活动时，要熟悉《中华人民共和国专利法》，以保护自己的创新成果；在开展创业实践时，要熟悉企业注册经营及注销、规范劳动关系及市场交易活动、解决创业纠纷等相关的法律，主要有《公司法》《企业破产法》《劳动法》《劳动合同法》《合同法》《消费者权益保护法》《民事诉讼法》等。

中华人民共和国劳动合同法

第十一届全国人民代表大会常务委员会第三十次会议决定对《中华人民共和国劳动合同法》作如下修改：

一、将第五十七条修改为："经营劳务派遣业务应当具备下列条件：

（一）注册资本不得少于人民币二百万元；

（二）有与开展业务相适应的固定的经营场所和设施；

（三）有符合法律、行政法规规定的劳务派遣管理制度；

（四）法律、行政法规规定的其他条件。"

"经营劳务派遣业务，应当向劳动行政部门依法申请行政许可；经许可的，依法办理相应的公司登记。未经许可，任何单位和个人不得经营劳务派遣业务。"

二、将第六十三条修改为："被派遣劳动者享有与用工单位的劳动者同工同酬的权利。用工单位应当按照同工同酬原则，对被派遣劳动者与本单位同类岗位的劳动者实行相同的劳动报酬分配办法。用工单位无同类岗位劳动者的，参照用工单位所在地相同或者相近岗位劳动者的劳动报酬确定。"

"劳务派遣单位与被派遣劳动者订立的劳动合同和与用工单位订立的劳务派遣协议，载明或者约定的向被派遣劳动者支付的劳动报酬应当符合前款规定。"

三、将第六十六条修改为："劳动合同用工是我国的企业基本用工形式。劳务派遣用工是补充形式，只能在临时性、辅助性或者替代性的工作岗位上实施。"

"前款规定的临时性工作岗位是指存续时间不超过六个月的岗位；辅助性工作岗位是指为主营业务岗位提供服务的非主营业务岗位；替代性工作岗位是指用工单位的劳动者因脱产学习、休假等原因无法工作的一定期间内，可以由其他劳动者替代工作的岗位。"

"用工单位应当严格控制劳务派遣用工数量，不得超过其用工总量的一定比例，具体比例由国务院劳动行政部门规定。"

四、将第九十二条修改为："违反本法规定，未经许可，擅自经营劳务派遣业务的，由劳动行政部门责令停止违法行为，没收违法所得，并处违法所得一倍以上五倍以下的罚款；没有违法所得的，可以处五万元以下的罚款。"

"劳务派遣单位、用工单位违反本法有关劳务派遣规定的，由劳动行政部门责令限期改正；逾期不改正的，以每人五千元以上一万元以下的标准处以罚款，对劳务派遣单位，吊销其劳务派遣业务经营许可证。用工单位给被派遣劳动者造成损害的，劳务派遣单位与用工单位承担连带赔偿责任。"

本决定自 2013 年 7 月 1 日起施行。

本决定公布前已依法订立的劳动合同和劳务派遣协议继续履行至期限届满，但是劳动合同和劳务派遣协议的内容不符合本决定关于按照同工同酬原则实行相同的劳动报酬分配办法的规定的，应当依照本决定进行调整；本决定施行前经营劳务派遣业务的单位，应当在本决定施行之日起一年内依法取得行政许可并办理公司变更登记，方可经营新的劳务派遣业务。具体办法由国务院劳动行政部门会同国务院有关部门规定。

《中华人民共和国劳动合同法》根据本决定作相应修改，重新公布。

（2007年6月29日第十届全国人民代表大会常务委员会第二十八次会议通过

根据2012年12月28日《全国人民代表大会常务委员会关于修改〈中华人民共和国劳动合同法〉的决定》修订）

目 录

第一章　总则
第二章　劳动合同的订立
第三章　劳动合同的履行和变更
第四章　劳动合同的解除和终止
第五章　特别规定
　　第一节　集体合同
　　第二节　劳务派遣
　　第三节　非全日制用工
第六章　监督检查
第七章　法律责任
第八章　附则

网页链接：http://www.npc.gov.cn/wxzl/gongbao/2013-04/15/content_1811058.htm

中华人民共和国公司法

（1993年12月29日第八届全国人民代表大会常务委员会第五次会议通过

根据1999年12月25日第九届全国人民代表大会常务委员会第十三次会议《关于修改〈中华人民共和国公司法〉的决定》第一次修正

根据2004年8月28日第十届全国人民代表大会常务委员会第十一次会议《关于修改〈中华人民共和国公司法〉的决定》第二次修正

2005年10月27日第十届全国人民代表大会常务委员会第十八次会议修订

根据2013年12月28日第十二届全国人民代表大会常务委员会第六次会议通过《关于修改〈中华人民共和国海洋环境保护法〉等七部法律的决定》第三次修正）

目 录

第一章　总则

第二章　有限责任公司的设立和组织机构

　　第一节　设立

　　第二节　组织机构

　　第三节　一人有限责任公司的特别规定

　　第四节　国有独资公司的特别规定

第三章　有限责任公司的股权转让

第四章　股份有限公司的设立和组织机构

　　第一节　设立

　　第二节　股东大会

　　第三节　董事会、经理

　　第四节　监事会

　　第五节　上市公司组织机构的特别规定

第五章　股份有限公司的股份发行和转让

　　第一节　股份发行

　　第二节　股份转让

第六章　公司董事、监事、高级管理人员的资格和义务

第七章　公司债券

第八章　公司财务、会计

第九章　公司合并、分立、增资、减资

第十章　公司解散和清算

第十一章　外国公司的分支机构

第十二章　法律责任

第十三章　附则

网页链接：http://www.npc.gov.cn/wxzl/gongbao/2014-03/21/content_1867695.htm

中华人民共和国专利法（2008年修正）

（1984年3月12日第六届全国人民代表大会常务委员会第四次会议通过

根据1992年9月4日第七届全国人民代表大会常务委员会第二十七次会议《关于修改〈中华人民共和国专利法〉的决定》第一次修正

根据2000年8月25日第九届全国人民代表大会常务委员会第十七次会议《关于修

改〈中华人民共和国专利法〉的决定》第二次修正

根据 2008 年 12 月 27 日第十一届全国人民代表大会常务委员会第六次会议《关于修改〈中华人民共和国专利法〉的决定》第三次修正)

目 录

  第一章 总则
  第二章 授予专利权的条件
  第三章 专利的申请
  第四章 专利申请的审查和批准
  第五章 专利权的期限、终止和无效
  第六章 专利实施的强制许可
  第七章 专利权的保护
  第八章 附则

网页链接：http://www.sipo.gov.cn/zcfg/zcfgflfg/flfgzl/fl_zl/1063508.htm

附录 D　中国"互联网+"大学生创新创业大赛案例

  中国"互联网+"大学生创新创业大赛由教育部与有关部委、地方人民政府共同主办。大赛旨在深化高等教育综合改革，激发大学生的创造力，培养造就"大众创业、万众创新"的生力军；推动赛事成果转化，促进"互联网+"新业态形成，服务经济提质增效升级；以创新引领创业、创业带动就业，推动高校毕业生更高质量创业就业。

  大赛分为创意组、初创组、成长组、就业创业组等参赛组别，涉及"互联网+"现代农业、"互联网+"制造业、"互联网+"信息技术服务、"互联网+"文化创意服务、"互联网+"商务服务、"互联网+"公共服务、"互联网+"公益创业等类别。

  一、项目名称：智能盆栽系统

  项目介绍：本项目来自南京某高职院校，设计的是一套智能盆栽系统，包含：盆栽养护助手、智能花盆、"美植" APP 平台。通过盆栽养护助手或智能花盆和"美植" APP，用户可以体验智能的种植乐趣，用户购买了智能设备，便相当于拥有了一整套的园艺资源。

  智能花盆：花盆内置多种传感器，实时监测植物的生长信息，数据通过 WIFI 模块发送给云端数据库，根据云端分析，将为每种植物提供不同的养护方案。可以远程控制植物助手上面的水泵，对植物进行远程的养护。

"美植"APP平台： APP既是智能花盆直观展示植物生长环境数据的平台，也是注册用户分享交流种植心得的平台，最重要的是，APP上面的商城模块，用户可以在上面便捷地购买园艺产品。植物医生模块，可以为用户提供专门的植物养殖顾问服务。通过APP衍生出一套系统的园艺服务、景点推广、各个地区园艺活动推广等。

项目进展： 已注册公司，开始运营。

二、项目名称：多功能无线万向指环鼠标

项目介绍：《多功能无线万向指环鼠标》项目由"自由空间"团队推出，团队由重庆睿豪科技发展有限公司员工与重庆工业职业技术学院的在校学生组成，本项目获得了学校15万元的直接投资。

《多功能无线万向指环鼠标》集成了翻页器和激光教鞭的功能，特别适合教师使用电脑教育教学和职场白领们教学和汇报交流使用，能为人们的生活、生产、学习和娱乐带来方便，为数亿人免除"鼠标手"疾病的困扰，本鼠标具有良好的社会效益和巨大的经济效益。

产品优点： 无线万向指环鼠标具有普通鼠标的全部功能，其灵活多变的操控方法，能有效地防止"鼠标手"疾病；电脑自动识别，无线连接；内置聚合物锂电池，节能环保；柔性指环适合不同粗细的手指穿戴；可在衣裤、荷包和被窝内等环境中使用。

项目进展： 已注册公司，开始运营。

三、项目名称：魅影太阳能无人机通用平台

项目简介： 本项目打造基于"互联网+航空+新能源"的太阳能无人机通用信息平台定制与服务的全新商业模式，可提供网络覆盖、信息中继、数据采集、巡逻监视、环境监测等应用场景下的解决方案与技术服务。

团队拥有以载荷为中心，融合"平台+能源+通信"的一体化特种无人机设计能力，未来将提供涵盖低、中、高空的太阳能无人机通用平台体系，让网络通信无处不在。

项目进展： 创意阶段

团队名称： 魅影创业团队

团队介绍： 魅影创业团队是以西北工业大学在校研究生为主创立的打造太阳能无人机通用平台解决方案的年轻创业团队，是高校科研成果转化项目。团队创立于2003

年6月，依托西北工业大学无人机特种技术国家级重点实验室、无人机系统国家工程研究中心、无人机研究所等单位，在国内率先开展无人机总体设计与集成验证、非常规布局无人机综合设计、特种无人机飞行动力学与控制等方面开展系统化研究，多年来在飞翼布局无人机和太阳能无人机等领域积累了丰富的技术。

四、项目名称：新印相——智能共享云打印服务平台

项目简介："新印相云校园"智能共享云打印服务平台采用O2O商业模式，提供贴近广大师生需求的智能校园系列产品。用户通过官方网站、微信公众号或手机APP注册、上传打印文件、线上支付后线下以自助打印云机取件。

自助云打印机为公司自主研发产品，拥有三项实用型专利、四项软件著作权、六项自有商标权。

相对于传统打印店，云打印真正实现了不带优盘、不带零钱，极大提高用户打印体验。相对随米、多拉等同类竞争者而言，新印相的优势在于拥有自主专利技术，独家云排版功能，打印服务稳定，设点贴合服务需求，在用户群体基础上可延展服务空间较大。

项目进展：已注册公司，开始运营。

团队名称：智慧云创

五、项目名称：体质监测与健康促进中心

项目简介：体质监测与健康促进中心是一家致力于提高国民身体素质，针对现代社会人类的亚健康状态进行研究和运动干预，以及对部分慢性疾病早发现、早预防和早治疗的运动科学研究中心。

中心主要借助由××大学××学院提供的健康体适能系统及设备为基础进行创业，并且和部分医疗机构进行合作。不仅给慢性疾病患者提供疾病的运动治疗指导服务，也面向全社会提供健康管理服务。本中心通过互联网大数据和云技术，推动移动医疗健康管理服务，同时配套了专业的健身指导、食疗养生和中医调理等服务，给慢性疾病和亚健康患者提供全方位的健康管理和咨询服务，是受公众欢迎的、新型的、公益性的公司。

项目进展：已注册公司，开始运营。

团队名称：善初队

团队介绍：创业团队是由博士生、硕士生和本科生组成的高素质团队，拥有临床医学、教育学、体育学和管理学等多方面的专业人才，在人才梯队上具有接力优势，为公司的可持续性发展奠定了基础。

附录 E　大学生创新创业问答

一、创业者应具备什么素质和能力？

现实过程中，如果你识别出了商机，拥有开阔的思路，就可以创办企业。但创办企业后最大的问题是要让你的企业盈利并持久经营下去。作为创业者，需要具备各方面的素质和能力。李开复曾说过，一个好的创业者需要具备十项能力：（1）强烈的欲望；（2）超乎想象的忍耐力；（3）开阔的眼界；（4）善于把握趋势又通人情事理；（5）敏锐的商业嗅觉，即商业敏感性；（6）拓展人脉；（7）谋略；（8）胆量；（9）与他人分享的愿望；（10）自我反省的能力。

二、没有系统学过经济学专业知识，可以创业吗？

如果系统地学习过经济学专业的知识，对创业实践肯定有一定的用处，但并不是说没有学过这些知识就不能创业了。因为不论是什么知识，都必须要结合实际活学活用，必须要在实践中运用这些所学的知识。现实生活中，很多创业成功的人，并没有在创业之前系统学过经济学科的知识，但是依然获得了成功，这是因为他们在实践中总结出了经验，这些经验才是这些知识最后所需要转化的东西。

现在很多院校都开设了创新创业的基础课程，也设立了相应机构指导学生进行创业。如果你感兴趣，可以咨询你所在的学校。此外，各级政府也出台了相应的政策支持大学生创新创业。

三、"互联网+"给创业者带来了什么？

要首先搞清楚"互联网+"是什么？它指的是利用互联网平台，把互联网和传统行业进行结合，创造新的市场。其实，当下我们的生活已经被"互联网+"影响，我们在网上购物，用网络进行支付买单，互联网正慢慢改变我们的生活方式。"互联网+"不仅可以和第三产业结合，还可以应用到第一、第二产业。因此"互联网+"带来了创新创业的机会。在"互联网+"时代，我们不仅要积极接受，还要利用"互联网+"，尝试把传统产业与互联网相结合。大学生在校学习自己的本专业知识，也可以将"互联网+"与本专业相结合，思考创新创业的新点子。

四、大学生自主创业，可以享受哪些优惠政策？

目前，在校大学生自主创业，可以享受到各种优惠政策的支持，一般主要有：

（1）申请小额担保贷款和贴息支持

目前很多银行为自主创业的毕业生提供小额担保贷款，对于从事微利项目的，还可获得贴息支持。

（2）减免有关行政费用

对于大学生新办的企业，经税务部门批准，根据行业特点，免征企业所得税。

（3）提供培训

对于大学生创业者，各地人力资源社会保障部门一般可免费提供一些服务，包括：信息查询、人事档案服务、培训服务等。

具体的优惠政策要以各地政府部门的规定为准。

五、所在的学校有提供 SYB 培训课程，请问这是什么？

SYB 的全称是"START YOUR BUSINESS"，意为"创办你的企业"，它是"创办和改善你的企业"（SIYB）系列培训教程的一个重要组成部分，由联合国国际劳工组织开发，为有愿望开办自己中小企业的朋友量身定制的培训项目。创业培训是国际劳工组织针对培养微小型企业经营者而开发的培训项目。经国家劳动和社会保障部引入我国后，进行试点运行，取得了良好的效果。

SYB 培训不仅使学员的就业观念发生转变，更激发了他们的创业意识，掌握创业技能，增强微小企业抗风险能力，使学员在短时间内成为微型企业的老板。为微小企业设计的课程主要教授如何创业，如何创办自己的企业，如何计划资金预算等内容。

目前很多学校免费提供了 SYB 课程培训服务，如果你所在的学校有此类培训，请多关注并积极参加。

六、对于大学生，如何将创新成果得到及时的转化？

近年来，高校大学生在创新方面取得了很多成绩，大学生积极参与科技创新活动，新申请的专利也逐年增加。然而，高校大学生在参与创新活动时也存在着功利性、项目科技含量不高等问题。因此，大学生在从事创新活动实践时应努力思考自己的科研成果在服务经济社会发展中发挥着什么样的作用，不能为比赛而创新。同时，学校应积极完善科技项目运转机制，引导教师对学生创新的指导。只有以问题为导向，学生创新的小火花才会燃烧得更旺，提高科技作品成果的转化率。